叢書 THINK OUR EARTH 8 地球発見

東アジア都城紀行

高橋誠一

ナカニシヤ出版

目　次

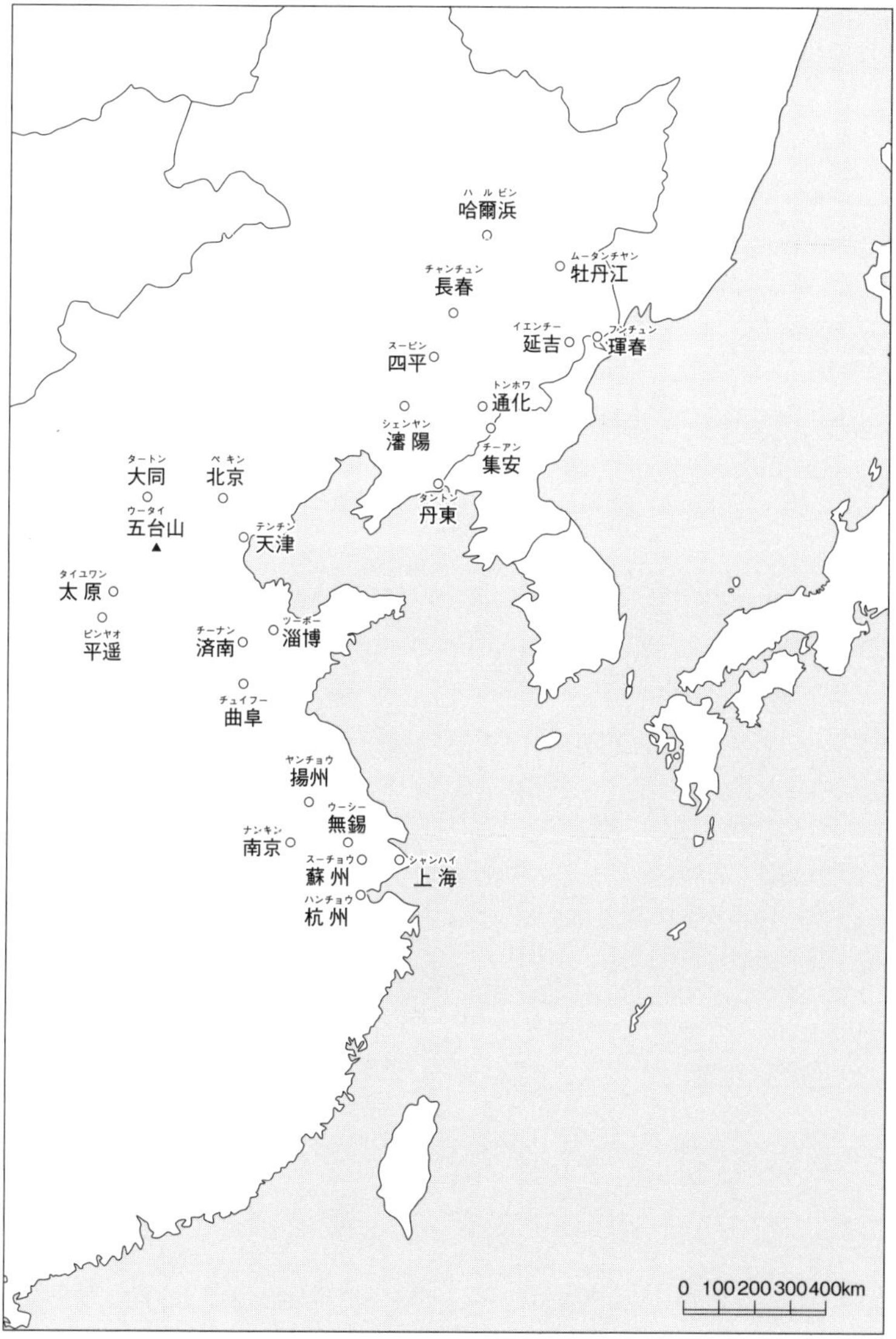

本書の舞台：中国（日本は14-15頁参照）

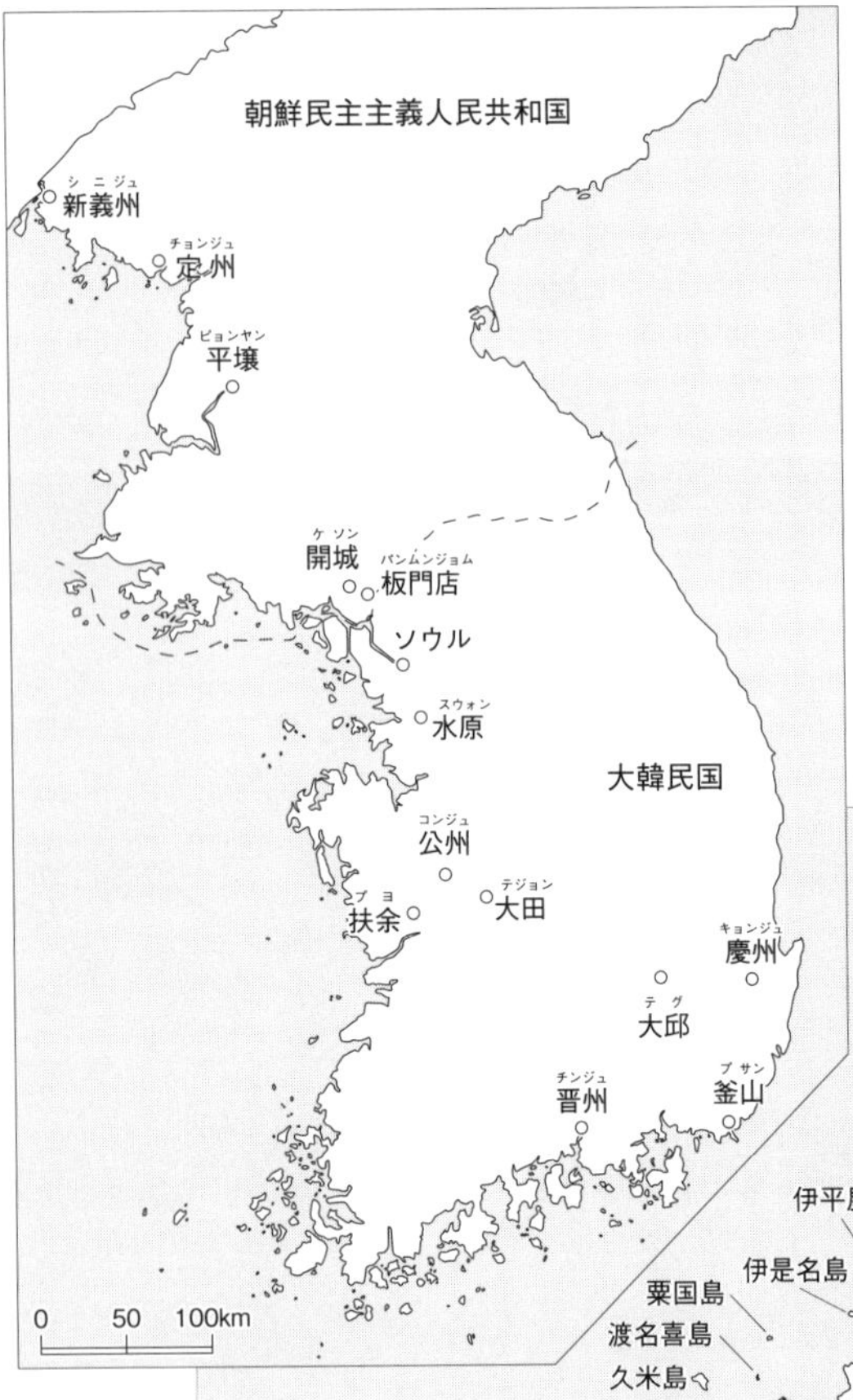

本書の舞台：
(左) 朝鮮半島
(下) 南西諸島

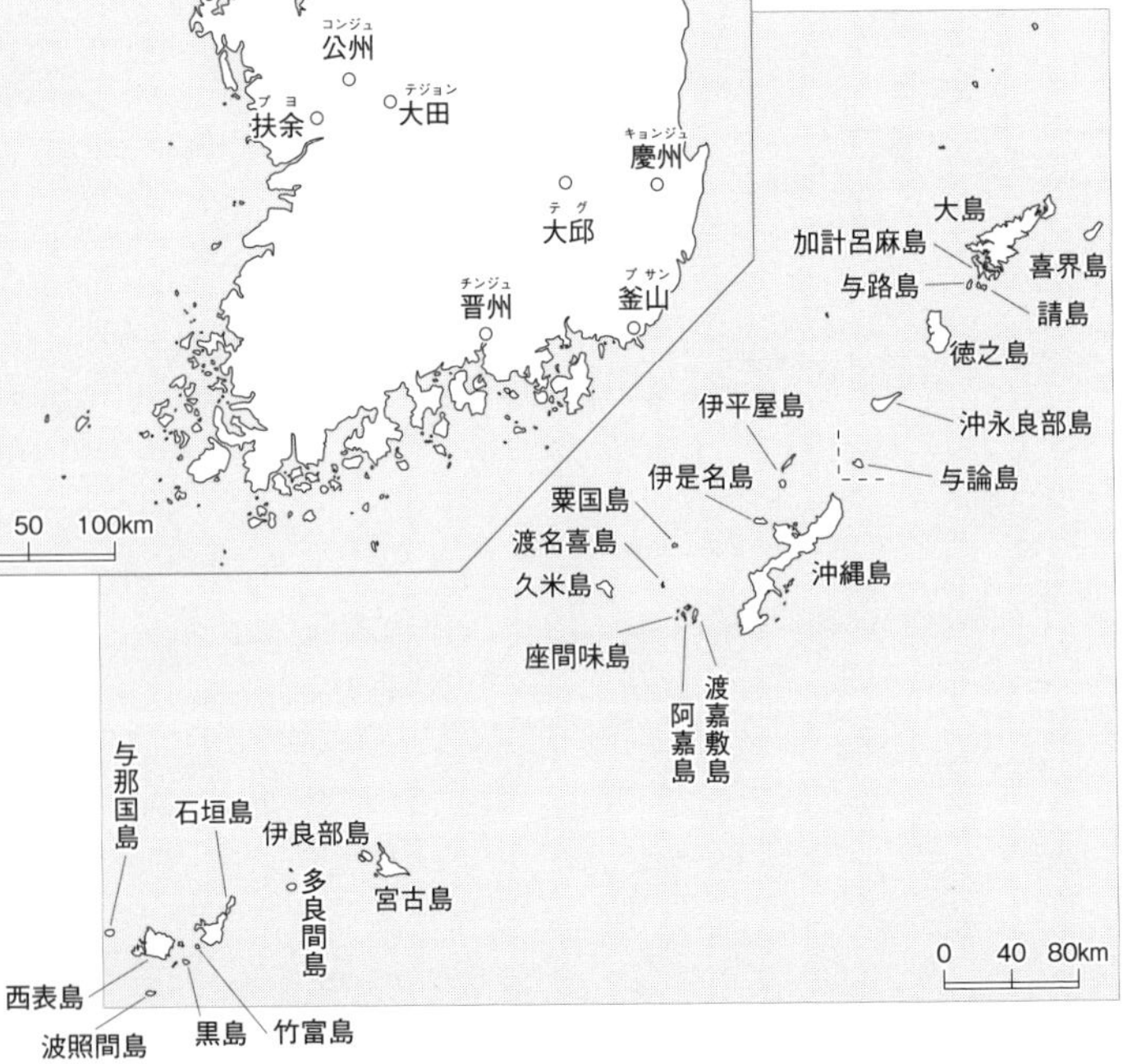

東アジア都城紀行

叢書・地球発見8

［企画委員］

千田　稔
山野正彦
金田章裕

1 日本の古代都市と山城

古代平城京の外京で育った私にとって、古代の歴史的景観はきわめて身近なものであった。このような環境の影響もあって、大学に入学したときには考古学を専攻しようと思っていたが、結果としては歴史地理学の道に進むことになった。恩師と先輩から神籠石《こうごいし》と呼ばれる遺跡のあることを教えてもらって卒業論文を書くことになり、一九六八年の夏、北九州の各地を調査してまわった。私にとってはじめての調査旅行であった。一ヶ月あまりの調査をしているうちに、神籠石や『日本書紀』に記載されている古代朝鮮式山城は、唐や新羅の侵攻にそなえて国家的な見地から計画的に配置されたことがわかってきた。

1　調査1：藤原京編（奈良）

●都城とは

都城という言葉は、本来は、城壁をめぐらした都市のことを言う。たとえば中国の洛陽や長安のような都市のことである。中国では、城市という言葉もよく使われるが、おおむね同じような意味をもっているといってよい。ところが日本では、城壁によって囲まれていないにもかかわらず、古代に都がおかれた都市のことを、古代都城というように表現することが一般的であった。

城壁の存在をぬきにしても、古代都城という用語に関しては、ややあいまいな側面がある。それは都市としての体裁を備えていない場合があるからである。たとえば古代飛鳥については、都市が建設されていたか否かということになるとよくわからない。古代の文献に「〇〇京」と記載されている場合は、条坊制のような都市計画によって建設された都市があったと考えられるが、単に「〇〇宮」とある場合は、都市としての実体は示されていないのである。しかも飛鳥の場合は、「倭京」というような用語も文献に見られるが、都市計画があったとは限らない。

もちろん、だからといって「〇〇宮」と記載されている場合は、都市が存在しなかったのかといえば、あながちそうとも言い切れない。近江の大津宮や紫香楽《しがらき》宮は文献では「京」と記されて

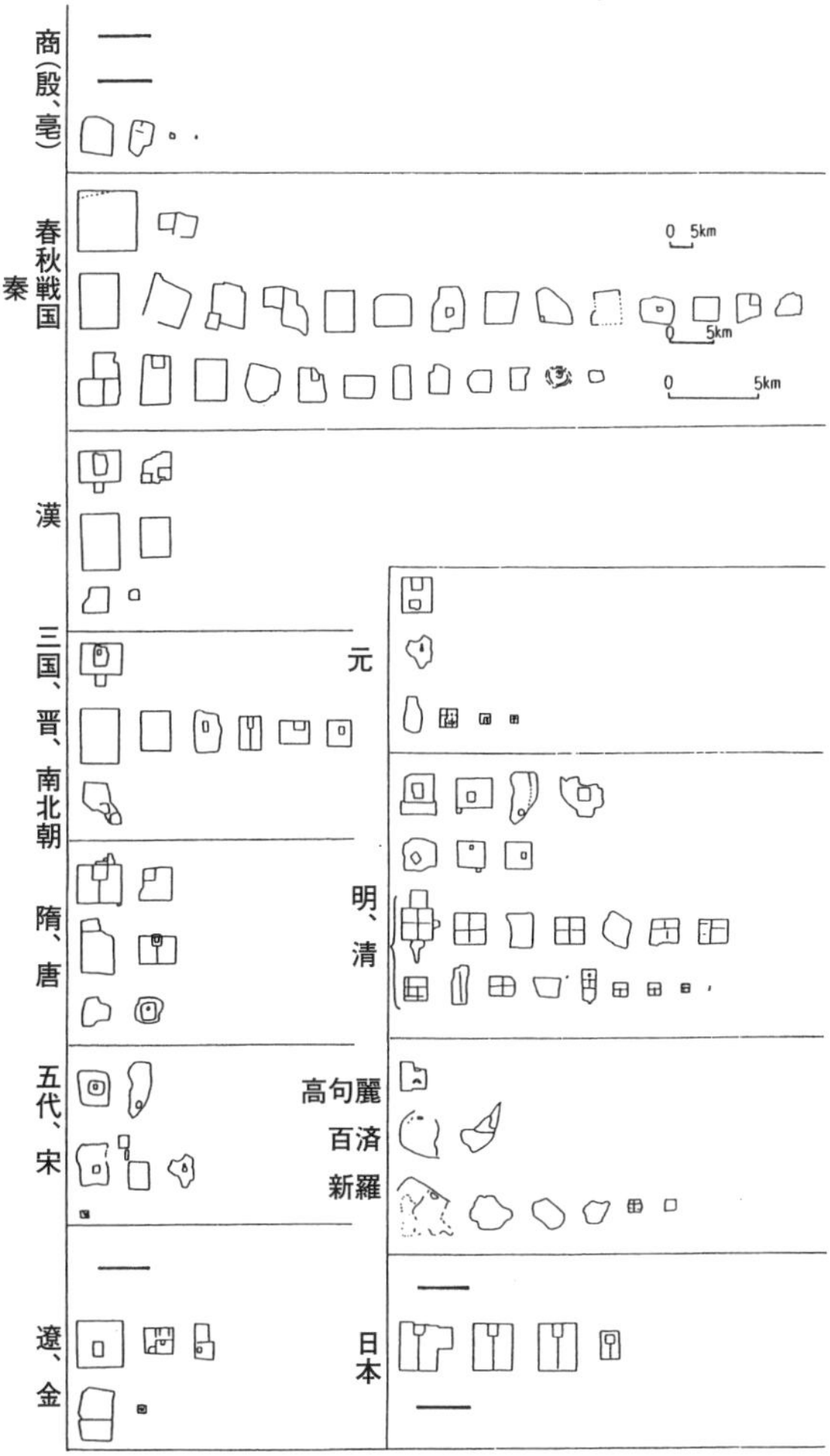

時代別・地域別の都城の形態（——は該当例のないことを示す）
（著者作図、『日本古代都市研究』より転載）

ひとくちに東アジアの都城と言っても、その形態や規模はさまざまである。くわしくは7「東アジアの都城遺跡の面積と形態」をお読みいただきたい。なお各欄を3種類のスケールで分けて示している。

はいないが、都市としての「京」が建設されていた可能性もあるからである。

このようなことから、最近では、宮と京の両者を表現する古代宮都という用語が使用されることが多くなってきた。

くどいようだが、先に述べたように日本において使用されてきた都城という用語は、中国で使われてきた本来的な意味とはかなり異なっている。要するに、日本における都市で、全体が城壁によって囲まれている例などは存在しないのである。あえて類例をもとめれば、豊臣秀吉によって構築された御土居《おどい》に囲い込まれた京都の町くらいのものであろう。

このことは日本の歴史的都市と中国や朝鮮半島の歴史的都市との大きな違いである。もっと言えば、ヨーロッパなどにおいても都市全体を囲む城壁（都市壁）は一般的なものであったが、日本においては、世界的な視野からすれば例外的に、都市の城壁は建設されなかった。

したがって中国でいう都城と日本でいう都城とは、基本的に異なっている。日本においては城というものは城郭そのものであるのに対して、中国では城市という言葉からもわかるように、都市そのものを表現する場合がほとんどなのである。

このように都城という用語については、実はかなりやっかいな問題がある。しかし本書では都城という言葉を、あえて使うことにした。したがって、宮殿や政治的施設が置かれた歴史的都市というような漠然とした「都城」であって、学術用語としての都城ではないことを断っておきたい。

●上海博物館にて

都城という言葉で思い出すことがある。はじめて中国へ行ったときのこと。京都大学名誉教授で奈良県立橿原考古学研究所所長でもあった岸俊男先生を団長とした「中国都城制研究学術友好訪中団」の一員としてであった。一九八三年のことであるから、中国旅行にはいろいろの制限があった。原則として団体行動、団員はネームプレートを身につけているのが通例であった。

この旅行では江南の都城遺跡をまわったが、上海に着いてまもなく訪れたのは上海博物館である。その後、杭州、蘇州、揚州、南京をまわって、上海に戻ってきた。団員のほとんどが、もう一度博物館に行こうと主張し、そのようになった。

改めて展示物を観察する意欲もわいてこないから、博物館の窓から周囲の町並みを撮影したりして時間をつぶしていた。やがてそれにも疲れて、ロビーで休憩をしていた。当時の上海博物館は薄暗く、しかしそれなりの雰囲気がただよっていた。ふと視線をあげると、日本人の女性たちが群がっている。ニイハオと声をかけると彼女たちは、ニイハオと答えてくれた。このころの中国旅行ガイドブックには、中国の人に対しては「ニイハオ」と挨拶をしましょう。なにかしてもらってもチップは必要ありません。それどころかチップで感謝の気持ちを表すのはかえって失礼なことです。このような場合には、感謝をこめて笑顔で「シェイシェイ」と言いましょう。要するに、ニイハオとシェイシェイとツァイチェンが、訪問客としては最低限覚えておかねばならな

上海博物館の窓から
博物館の展示見学に疲れて、窓から撮影していた。屋上の建物が印象的であった。

い必須ワードであった。

彼女たちは、それにしたがって挨拶をかえしてくれたのである。

ところが、ふっと微妙な時間がその部屋に流れた。彼女たちは「あの人、本当に中国の人？」と言いつつこちらを見ている。「なんか変よねえ」とも言っている。そのままにしておくのもいけないと思って、「ごめんごめん。実は僕も日本人なんや」と言った。彼女たちは九州からの青年の船の団員であるという。その中の一人が、私のネームプレートを見て、「あら、私たちと同じ」と言った。彼女の胸には「都城市」と書かれていた。

●平城京から藤原京へ

奈良市で生まれ育った私にとって、古代の歴史的な景観はごくなじみ深いものであった。小学校の低学年のときから明瞭に意識していたように思う。自宅は平城京の外京にあり、幼稚園は東大寺の旧境内、小学校も興福寺の旧境内地にあった。しかも小学校四年から六年の三年間担任してくださった谷山清先生からは、奈良と中国との歴史的な関係を、スライド（その当時は幻燈と言った）や中国の雑誌をもとにして、実に詳しく教えていただいた。大きくなったら中国へ行こうと決心したのもこのころである。正倉院展でイギリスの高名な歴史学者のアーノルド・トインビー博士に頭をなでてもらったことも、歴史好きに拍車をかけた。

さらに中学校の社会科の先生が伊達宗泰先生であった。先生はのちに奈良県立橿原考古学研究所の博物館次長をへて花園大学教授になられたが、このころは中学校の教諭をしながら県内の考古学調査にも従事しておられた。奈良学芸大学附属中学校は、奈良盆地と京都盆地の境界をなしている奈良山丘陵にあったが、その中学校の裏山から埴輪の破片が発見された。古文化クラブでその発掘調査をすることになった。三基の円筒棺埴輪が出土、その復元作業にうちこむ中学生の姿が新聞やテレビのニュースで大きく紹介された。まあ言ってみれば、私のマスコミへの登場は結構はなばなしかったのである。

このようなこともあって奈良盆地の遺跡は、ごくごく身近な存在であった。飛鳥の発掘調査のお手伝いをさせていただいたりもした。大学に入学してからは、伊達先生が勤務しておられる橿原考古学研究所に通って遺物の復元作業やいろんな遺跡の調査に参加させてもらうようになった。

大学の休暇期間中は、奈良県内の遺跡か研究所にいることがほとんどであった。

藤原宮跡の発掘調査がはじまったのは、一九六六年の冬。私は大学の二回生、すでに藤岡謙二郎先生に出会っていて、入学時に希望していた考古学専攻から歴史地理学へと志望を変えつつあった。いま思えばこのころの日本の文化財行政というものは、ずいぶんいいかげんなものであった。戦前からの調査で藤原宮の朝堂院が推定されていたが、まさにその北側に道路を建設する計画がすすめられていた。そこで、奈良県教育委員会の手によって緊急発掘調査が開始されるようになり、直接の担当者であった伊達先生が、声をかけてくださったのである。

奈良盆地の冬は厳しい。しかも発掘現場は飛鳥川によって堆積された水田地帯である。したがってトレンチの中には、周囲の田んぼからしみだしてくる水がどんどんたまっていく。もちろんポンプで排水しながらの調査ではあるが、トレンチの下部には冷たい水や泥がたまる。長靴をはいているが極端に冷たい。おかげさまでというのも変な話だが、一冬の調査で神経痛になってしまった。近所の医師から、こんな若さで神経痛になるとはと笑われたが、事情を説明すると「そりゃあなるよねえ」と納得（？）してもらった。

この厳冬期の発掘調査は、厳しいけれど迫力があった。朝堂院の北を画する施設が発掘によって判明したり、木簡が出土したりした。現在でこそ木簡は全国の遺跡から大量に発見されているが、このころは木簡の発見そのものが非常に珍しく、しかも長年の（古代の郡を「郡」の字で書いたか「評」の字で書いたかという）郡評論争が藤原から出土した木簡によって決着がつくなど、めざましい成果があがりつつあった。史料に見える人物の名前が記された木簡や、呪術もしくは祈りのための人型の木簡なども泥の中から出土してきた。毎日毎日が、なにかしら古代史上の新発見につながるというような刺激に満ちた調査であった。

2　調査2：神籠石編（九州）

●神籠石との出会い

藤原調査の二年目であった。私にとっては三回生の終わりの春休み、もうそろそろ卒論のテーマを決めなければならない。

藤原宮跡のトレンチの中にいる私に「高橋君。君の卒論のテーマ、決まったで」という声がかかった。京都大学大学院博士課程の千田稔さんの声であった。

「君なあ、神籠石《こうごいし》やったらどうや」と言われる。

「そやけど、神籠石って、何ですか」と問うと、「いや、僕もあんまり詳しくは知らんけど、とにかく九州とかにある列石遺跡のことや。ほんま言うとなあ、僕、藤岡先生に君の卒論のこと相談したったんや。何がよろしいか言うて。君、えらい迷うてたよってん。そしたら、藤岡先生が、神籠石どないやと言わはってん」。千田さんも奈良県の出身であるから、当然これらの会話は奈良の言葉によるものである。

卒論のテーマに何を選ぶのかということは、実際かなりの決断力を要する。私とて、考えていなかったわけではなく、地理学のなかでも古代歴史地理学をやろうということは、早くから決めていた。藤原京と平城京、あるいは奈良県内の古墳も視野の中にあった。どちらかと言えば、古代都市のことよりは、古墳時代に興味の比重があったように思う。現在の日本でも、一般的にいえば墓地地帯は都市の周縁部に形成されていることが多い。古墳時代においても日常生活圏の内部には墳墓は造営されず、むしろその周縁をとりまく地帯にあるのではないか、とすれば古墳の立地をてがかりにして豪族の領域を推定できるのではないかというようなことを漠然と考えていた。これと水利灌漑《かんがい》の単位などをからみあわせれば、古墳時代の領域形成やその後の行政的な地域の画定を解明できるのではないかとも考えていた。

しかし、いざ具体的に決定するとなると、あれもやりたいし、これもやりたい、やりたいのだけれど果たして可能なのだろうかと思い、なかなか決断できない。かねてから、中学の先輩でもある千田さんに、いろいろと相談をしていたのである。その結果が、この日の会話ということになる。

その後、大学の図書館で、神籠石遺跡について明治時代以来の研究史をたどりはじめた。それによれば、明治・大正期を通じて、神籠石論争という大論争が展開されたこと、喜田貞吉《きたさだきち》らの霊域説と関野貞《せきのただし》らの山城説が真っ向からぶつかりあい、結局は大類伸の神籠石論争解決時期尚早論によって、論争は小康状態をむかえ、戦後になって、山口大学の小野忠凞氏や九州大学の鏡山猛氏・岡崎敬氏らの発掘によって、山城であった可能性が強いことが判明してきた。このような遺跡と『日本書紀』などに記載されている古代朝鮮式山城の立地を考えることは、卒論のテーマとしても、面白いと思うようになった。したがって、最終的には、自ら納得して卒論のテーマに着手したことになるから、これはこれで、結果としてはそれほど恥ずべきことではなかろうと、まあちょっと言い訳がましいが思うことにした。

となれば神籠石や古代朝鮮式山城の分布している北九州や瀬戸内を訪れて現地調査をしなければならない。

ところが、はずかしいことに、それまで一人で本格的な旅行をしたことがない。はたして、調査旅行というようなことが可能であろうか。はなはだ心もとない不安な気持ちで、旅に出ることになった。思えば、この時の旅が、その後の東アジアを巡る旅の出発点となったのである。

●石城《いわき》山神籠石と長門城

夜行列車に乗った。まだ山陽新幹線が開通していないころである。山口県の田布施《たぶせ》駅に着いた

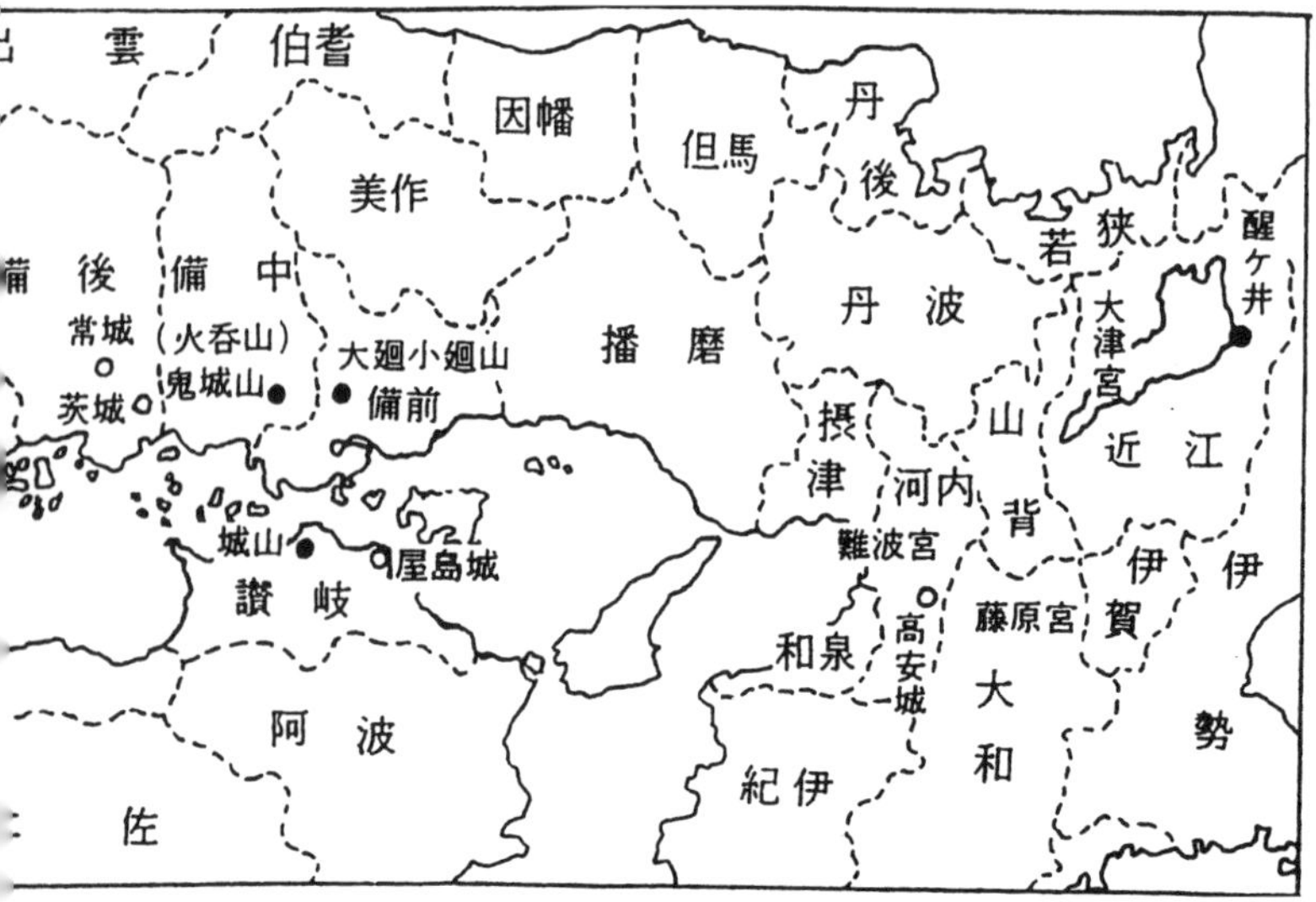

『図説日本文化の歴史　2』小学館、昭和54年より転載）

のは、早朝であった。荷物を駅にあずけ、早速、熊毛郡大和町の石城山神籠石に向かった。標高三五三メートルの山頂を目ざして登りはじめた。しばらくすると、汗びっしょり。なおも登ると道路脇に神籠石の列石が見えた。夢中で写真を撮り、ようやく山頂に達した。『延喜式《えんぎしき》』の式内社である石城神社がある。テレビ塔もある。頂上からの眺望はすばらしく、下松《くだまつ》、徳山付近の海や上関、大島がごく近くに見える。この時、石城山神籠石は、なんと眺望の点ですぐれた場所に立地しているのかということを痛感した。そして、見晴らしのよい山であるからこそ、古代山城が築かれたのだという、いわば初歩的なことではあるが、結果としては、神籠石や古代朝鮮式山城に共通する事実を実感することができた。下山後、役場をまわって、地図や資料を

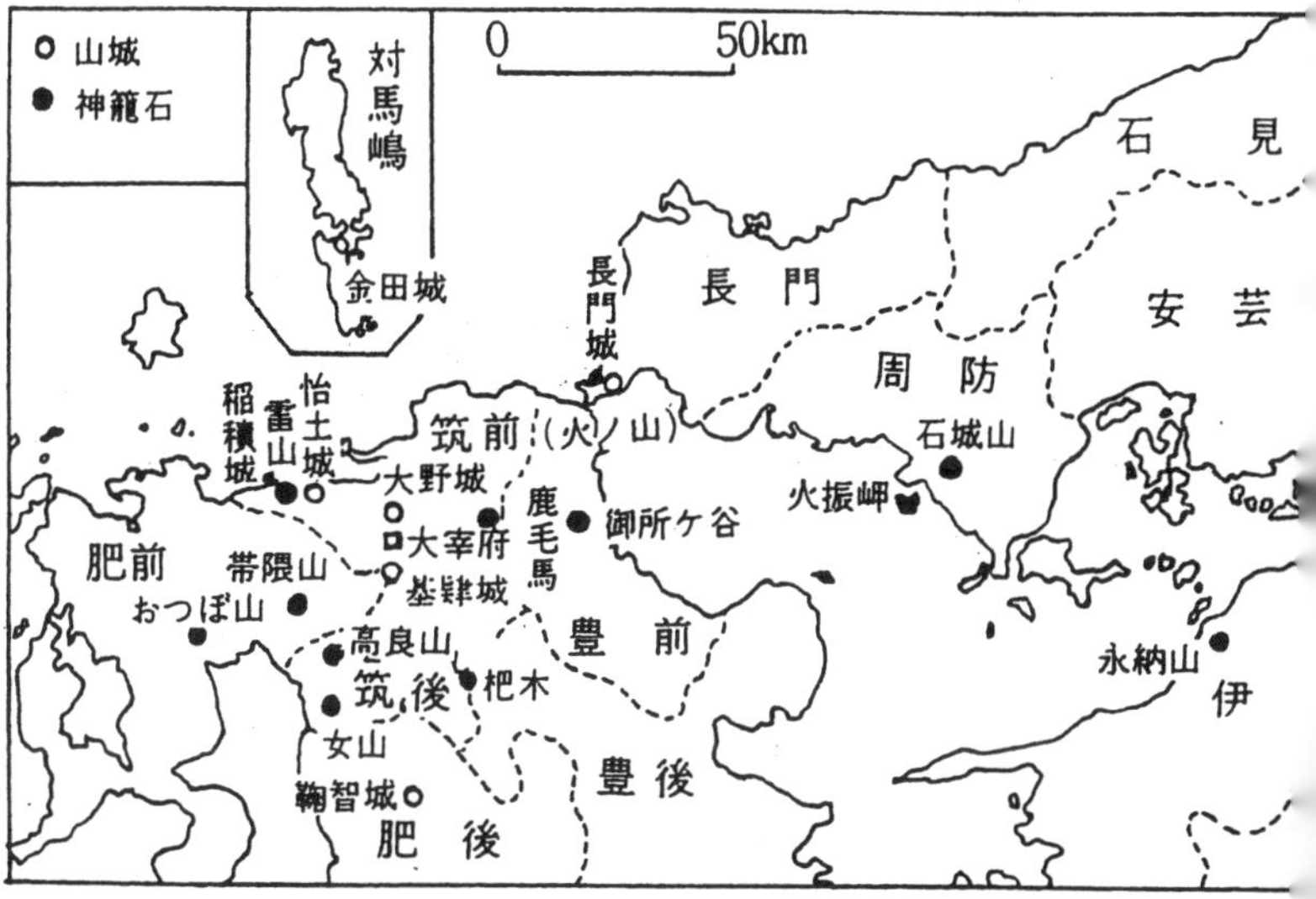

日本における古代山城と烽関係地名（著者作図、

集めているうちに、早や夕刻。宿舎をさがさねばならない。

この調査旅行では、原則として、宿舎を予約しないことにしていた。調査に訪れた先々でどのような成果があるかもしれず、その次第によっては滞在地も滞在期間も大幅に動きうる。だからまえもっての宿舎の予約などできないというのが実情であった。もちろん宿舎の候補リストはメモしてきていたので、夕方になれば電話で近隣の宿泊状況をたずねるということになる。

ところが岩国のユースホステルしか空いていない。しかたなく岩国に戻って宿泊。調査一日目は、またたくまに過ぎた。

翌日、小郡を経て山口市へ。藤岡先生の紹介状を持って、山口大学の小野先生をたずねた。

約束していたわけではないのに小野先生は、半日がかりで神籠石について教えて下さった。研究室にいた学生が「渡辺のジュースの素」を溶かしたコップを机においてくれた。神籠石の講義に続いて小野先生は、別室に保管しておられる大量の石器を前にして熱弁をふるわれた。あたりはすでに薄暗く、今晩どこに泊まろうかとあせっていると、「君、今晩の宿舎は?」と小野先生が尋ねて下さった。

「いえ、まだ決めてないんですけど」

「あっ、そう。それじゃ安いとこのほうがいいじゃろ」と県の教育会館に連絡をとっていただいた。宿舎では、ちょうどプロ野球のオールスター戦をやっていた。

翌日、山口を出た。本当は、山口市内を見て回りたいが、そんな余裕はない。長門国府比定地である長府へ行って、図書館で市史を購入した。これを見ると、長門国府はすでにそのプランまで推定されているらしい。誰も調べていなければ、挑戦してみようと思っていたが、当てが外れてしまった。

下関へ行く。長門城の位置と推定されている火の山へ登る。前日の小野先生の話では、『日本書紀』記載の長門城の遺構は、未確認である。小野先生も何度か調査されたらしいが、遺構の手掛かりさえつかめないという。それじゃ僕が、と思うところが私らしいところではあるが、ちょこっと来て、すぐに発見できるほど現実は甘くはない。しかし、関門海峡をへだてて眼の前に九州の古城山が立ちはだかっている。火の山の名前そのものも古代の烽燧《ほうつい》（狼煙《のろし》）の存在を暗示している。この山こそ書紀記載の長門二城のうちの少なくともひとつであることを確信する。しかも長門国府はこの山に近接した位置にある。したがってこの山城は、きわめて戦略的な拠点に築かれたものであろうと思った。この日、火の山ユースに宿泊することにした。

いよいよ九州に渡らねばならない。ユースを出てバス停まで歩いていると、背後から英語が聞こえてきた。振り向くと、ユースに宿泊していたオーストラリアの学生である。英語でしきりに、ツウヘビィとかユーショートとか言っている。英会話は苦手であるが、「ユーの身体にとっては、あまりにも重すぎる荷物だ」と言っていることは理解できた。言うだけではなく、私の荷物の一部をもってくれた。

英会話が苦手な私としては早く彼と別れたいのだけれど、荷物をがっちりと押さえこまれた以上は仕方がない。何やかやをタドタドシク話しながら路面電車に乗った。聞けば彼はヒッチハイクで天の橋立まで行きたいと言う。ついてはこの電車どこで降りたら、その方面へ行く車をつかまえられるであろうかと相談してくる。「おいおい、ここ山口県やで。天の橋立言うたら京都府やで。あのなあ、僕、そんなこと知らんわ」と言いたいけれど、それも愛想ないしなあと思いかえして車掌さんに聞いた。すると「まあ、わかりませんが、次の交差点が大きいですからね」。急遽の別れとなった。グッドラック・オンニョージャーニイと声をかけあって。

●九州大学の学生寮

いよいよ九州上陸。九州大学へ直行した。考古学の岡崎敬先生に会うためである。これも藤岡先生の紹介状を持参した上でのことではあったが、連絡もせずにいきなり訪れた私に対して、岡崎先生も親切な対応をして下さった。神籠石のことだけではなく、考古学と歴史地理学についての話を拝聴したが、この時の先生の話は、その後もたびたび思い出すことになった。すなわち「あのね、君。神籠石を研究するのもそりゃあ良いことですよ。でもねえ、僕、思うんだけれど、全国津々浦々って言うでしょ。この津々浦々って言われる地域とそうでない地域、まあ言ってみれば漁村と農村かな。この両地域を比較するというようなことね。まっ、これはあくまでも一例だけど、歴史地理学をやる以上はね、せめてそれくらいの広い視野を持ってやっていってほしいな」と言われる。研究室におられた鏡山猛先生や小田富士雄先生にも紹介していただいた。

もはや夕刻になっている。岡崎先生「君、藤岡先生のお弟子さんだから、本当はね、今晩いっしょに食事でもするべきなんですが、申し訳ないけれど今夜ちょっと用事があるんですよ。ところで、どこに泊まるの」「いえ、僕、まだ決めてません」「あっ、そうなの。九大の学生寮なら泊めてくれると思うけど、それでもいいですか」「はい」といういきさつがあって、先生は学生課と学生寮に電話して下さった。九大の建物に墜落したアメリカ軍の飛行機が、ひっかかったままであった。

この夜は寝苦しかった。学生寮の大広間に一人、しかも暑い。蚊の来襲がすごい。夜中になっても寝つけない。寮の窓から脱け出て周辺を散歩し、また寮に戻り輾転とするうちに真夜中になってしまった。調査なんかどうなってもいい。もう帰ろう、夜が明ければ必ず奈良へ帰ろうと思った。しかしそうは思いつつも、帰れないという事情がある。家族や友人に、大見得をきって出てきた以上、こちらにも意地というか見栄がある。帰るわけにはいかない。明夜は蚊取線香を買おう。もうすぐ朝になる。

夜があけて、糸島郡前原町《まえばる》（現前原市）をまわった。雷山《らいざん》神籠石の麓に広がるこの町は、古代の怡土《いと》郡の地で、あの『魏志倭人伝』の伊都《いと》国の地であるといわれる。町役場の税務課で事情を説明して古い地籍図の閲覧をお願いした。ところが、そのようなものはないとの答えである。せめて小字名でも調べてみようと思って、土地台帳の閲覧をお願いした。と、台帳の中になんと「郡ノ前」と「郡ノ後」という小字名が記されているではないか。これは古代の怡土郡衙（郡家）の所在を示すものではないか。興奮して、「この小字名の場所、なんとか分かりませんか」と相談すると、「小字の範囲を記した図面はなかと。ばってん、現在使っている図面には地番が記されてるから、台帳の地番と照合ばすれば、わかるっとでしょう」と言われる。

その結果、「郡ノ後」という小字の範囲は、一辺が二町のほぼ正方形であり、その東側に「郡ノ前」の小字が一町×二町あって川に接していること、しかもこの川を渡ったところに怡土城の城門に続く道路があることなどがわかった。

これは怡土郡衙の所在地にちがいない、しかも郡衙は怡土城と有機的な関係を持っていることも言えそうだ。この新発見、小さな発見かもしれないが、少なくともその時の私にとっては興奮するに十分な発見に気をよくしてなおも調べていると、糸島郡は志摩郡と怡土郡が合併したものなのであるが、古代においては両郡の間に海が入り込んでいた可能性の高いことも条里地割や地名によってわかってきた。いわゆる中世的開発や近世の新田地名などが分布している地帯には条里地割が見られない。この地帯は、古代糸島水道とでも言うべきもので、怡土城や雷山神籠石は、非常に重要な戦略的拠点に立地していることがわかった。要するに、『魏志倭人伝』に伊都国は「郡使の往来常に駐まるところなり」と記されているが、この地域はまさに古代朝鮮との交流あるいは防衛面において、第一級の要地であることが確認できた。

調査に出てから、はじめての成果らしいものがあがった。前夜に弱音をあげていたことなどすっかり忘れてしまって、意気揚々と寮にもどると、長崎大の学生がいて彼としばらく同宿することになった。

何日かが過ぎた。あちこちまわっていたが、この間に九州の人が大好きになった。というのは福岡市役所のある課の課長さん、「今晩、私のうちで夕食ばいかがですか。ちょうど大学生の娘がおりますから」。私のことを気にいってくださったようだが、夜は福岡教育大の土井仙吉先生に資料を借りるためにお邪魔する約束をしていた。心は残るが断って、土井先生のお宅にうかがった。京都では手に入らなかった『九州アカデミー』の一号に米倉二郎先生が前原町に「郡里」の地名が存在することをすでに書いておられて、先日の「発見」は必ずしも「新発見」ではなかったことにショックをうけながらも、たくさんの貴重な本を快く貸して下さった先生の親切が身にしみた。

九州の人って親切だなあと思いつつ、壱岐と対馬へ渡る予定をたてた。しかし運悪く台風の襲来。玄界灘は大荒れであるという。しかたがないから、壱岐・対馬は断念することにした。大宰府へ行こうとして寮を出たが、ものすごい暴風雨である。ぜいたくかとも思ったが、通りかかったタクシーをとめて、西鉄福岡駅までお願いした。大きな荷物をもっていることが不思議であったのであろう。運転手さんから「あんた、どないしたとね」と聞かれた。卒業論文の調査でと答えると、「その調査経費は大学から出るとね」。「いえ、出ません」。「それじゃお金はどうしたね」。「アルバイトでためました」。そうしたら、ハンドルをぼうんとたたいて「あんた、偉かあ!」と言われた。駅について料金を払おうとしたら、叱られた。「何ば言うとね。今時の学生には禄なやつばおらんと思っていたが、一所懸命アルバイトをして貯めたお金を使って勉強ばしよる。そんな若い人からタクシー代取れるとね。がんばって勉強して偉か学者さんになりなさい」。台風下の福岡駅で、お辞儀をした時、涙が出そうになった。

●大宰府で調査、二日市でビール

大宰府に近い二日市に、父の友人である岡さんが住んでおられる。頼りない息子が不安であったのであろう、父は近所に行くようなことがあったら連絡しなさいと言っていた。お宅へ泊めてもらうことになった。これはありがたいことであった。ご馳走が山盛り、調査に出て、はじめてビールを飲ませてもらった。しかも幼いお嬢ちゃんたちがピアノをひいてくれる。この暖かい雰囲気にあまえてしばらく二日市にベースをおいて、大宰府（太宰府）、大野城、基肄《きい》城、基山町、久留米市、高良山《こうらさん》神籠石、杷木《はき》町、杷木神籠石、女山《ぞやま》神籠石、八女《やめ》市、筑後市、山門郡など、まわれるだけ回った。このころになると古代朝鮮式山城や神籠石は、大宰府や国府などの都市に近接するものや交通上の要衝や戦略的拠点に立地するものなど、いずれにしても多くの共通項をもっていることがわかってきた。二日市に帰ればご馳走とビールが待っていてくれる。調査のピッチがあがってくる。この調子だと思う。集められるだけ資料を集めよう。たまった資料は、その都度、簡易書留で自宅へ送った。

あまりにも岡さんにご迷惑をかけてしまった。もっといたいなあと後ろ髪を引かれる思いで、佐賀へ向かうことにした。

●肥前と肥後そして豊前

佐賀市のユースへ泊まって、肥前国府と帯隈山《おぶくまやま》神籠石、武雄市のおつぼ山神籠石などを調査した。特に佐賀郡大和町では肥前国府推定地の地割などを調べた。このときに役場で集めた資料によって、卒論では肥前国府の推定プランを書いたが、あとになって大変な事態がもちあがってしまった。これについては後述したい。

肥前をあとに、肥後へ入った。熊本市のユースに泊まる。県庁などで資料集めをしたのちに、熊本県鹿本郡へバスで行った。研究室の一年後輩の久武哲也氏の家に泊めてもらう約束をしていた。バス停から、ああ、あれが俳優の中山千夏の家かなどと思いながら歩いて、ようやく豪壮な彼の家にたどり着いた。出迎えて下さったお母さんによれば、熊本の図書館へ行ったけれど、すぐに帰ってくる、だからこれでも食べて休んでいて下さいとのこと。山盛りの冷や麦をいただいたが、彼のお婆さんの肥後弁が全くといっていいほどに聞き取れない。お母さんの「通訳」で何とか意思は通じるが、当の本人二人はニコニコ笑っているだけであった。しかし何と笑顔の美しいお婆さんだなと思っているうちに、彼が帰宅。翌日から鞠智《きくち》城を案内してもらったり、菊池市や山鹿市の周辺をまわったりした。

あと残っているのは福岡県の東部である。調査期間も一ヶ月近くになってきた。小倉付近にベースキャンプを移すことにしよう。小倉駅に着いた。ところが安い宿がない。ユースもうい

大宰府の水城

大宰府の博多湾側に築かれた水城は、日本書紀にも記載されている。

基肄城の水門

この城も日本書紀に見える。百済からの渡来人の指導によって築造された。

やになってきたし、お金もたいして残ってはいない。小倉に実家のある大学の後輩が、近くに来られたら連絡してくださいと言っていた。思い切って電話をしてみると、「泊まって下さい、駅まで迎えに行きます」と言う。ここでまた、いく日か宿泊させてもらうことになった。

後輩の家をベースにして、飯塚市、田川市、鹿毛馬神籠石、御所ケ谷神籠石、行橋市などをまわる。ようやく、山口県と九州の予定はほぼ達成することができた。帰ってからよく考えねばならないが、古代朝鮮式山城や神籠石は、大宰府や各国の国府などの主要都市に近接していること、あるいは軍事的・戦略的な要地や交通の要衝に立地していることなどについての確信らしきものをもつようになった。豊前国府と御所ケ谷神籠石の関係も、一体となったペアとして把握できると考えた。小倉を離れる前日、門司へ遊びに行った。後輩と高校生の妹さんとの三人で、門司の古城山へ登った。遊園地から関門海峡を隔てた向かいに一ヶ月程前にいた火の山が見えた。手を伸ばせばとどきそうな山は、古代においては烽燧《ほうつい》（狼煙《のろし》）で連絡されていたにちがいない。

本当は、これから四国へ渡る予定であった。しかし、疲れた。出直そうと思う。いくら何でも、これ以上エネルギーがないと弱気になって、小倉駅から特急に乗った。

翌日、調査でお世話になった人に礼状を書いた。役所をも含めて五〇枚以上になった。後日、両親が、宿泊させていただいた家に、なにがしかのお礼の品を送ったということを聞いた。

その後、私はいく度となく九州を調査に訪れることになった。このときには果たせなかった壱岐や対馬にも渡り、四国へも渡った。それにしても、思えば卒論調査は、効率という点では話にならないくらいの無駄をしていたことを痛感する。懸命に集めた資料のごく一部しか実際の卒論には利用できなかったし、必要なものを逆に見落としたりもした。しかし、なにもわからないままにフィールドに飛びこんでいった、あの時の調査が、本当の意味での地理学ではなかったのかと、やや感傷をまじえながら思う。

3　調査3：湖北編（滋賀）

●湖北山中の吠える犬と散弾銃

樹木の中に連なっている石垣を眼にした時、八年前の卒論調査の思い出が胸の中をかけめぐった。国鉄東海道線の醒ヶ井駅を下車。天野川を隔てた対岸にある向山（別名、西山あるいは兜黛山）の山城をめざしたのは、晩秋のこの日が最初ではない。実は、六日前にもこの山の麓まで来た。その日は、醒ヶ井駅で降りてから、駅前の喫茶店で簡単な昼食をとった。喫茶店の人に、登山道を尋ねたけれど、登ったことがないからわからないと言う。地形図で確認すると、この山には北峰・中峰・南峰の三つの山頂があり、その標高は、ともに三〇〇m前後である。山麓の標高はほぼ一〇〇mであるから、その比高はわずか二〇〇mほどでしかない。しかも駅前から見ると

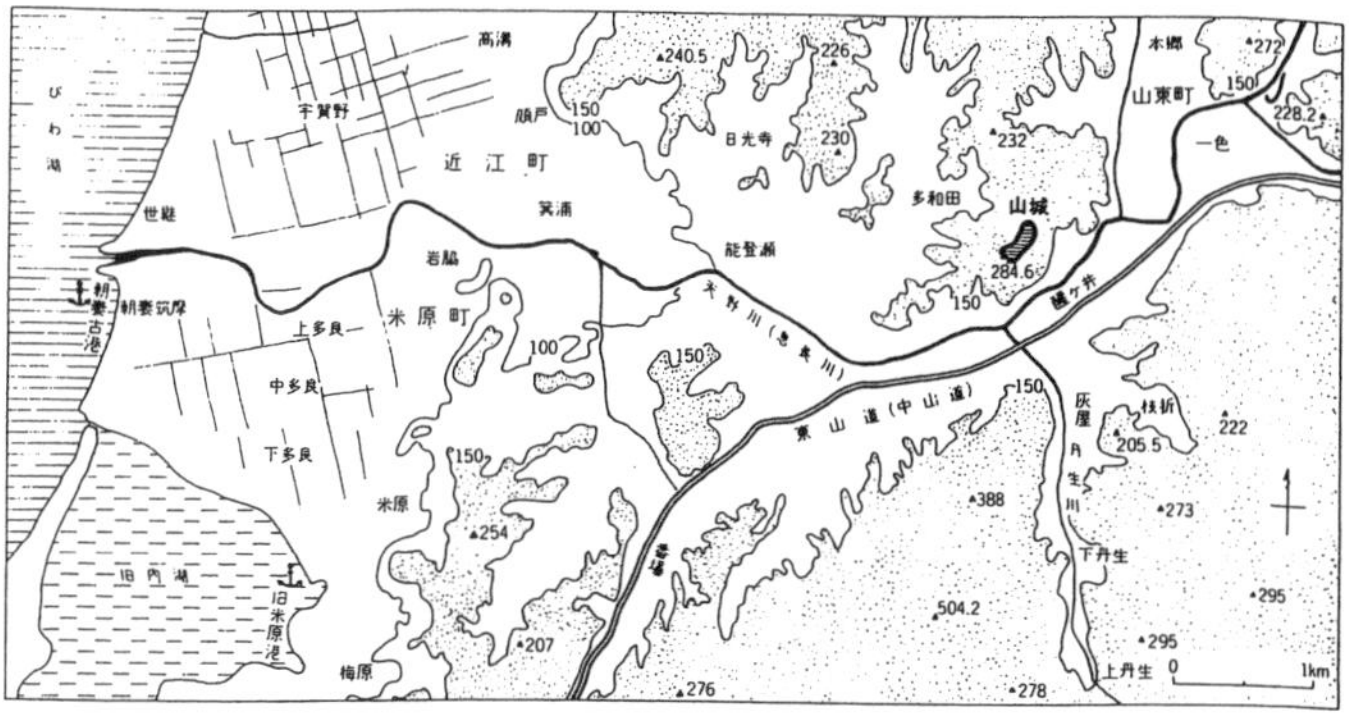

古代東山道に面して築造された山城（滋賀県醒ヶ井）
（著者作図、『日本古代都市研究』より転載）

山頂部は、つい手の届きそうな間近にある。

この程度の山なら、一気に登ってしまえるだろうと思って、橋を渡ると、そこには廃業された石灰工場があった。ぐるぐると敷地の外縁をまわったけれど、山に取り付くような道は見当たらない。えい、ままよとばかり、その裏手から登りはじめた。ところが背丈をはるかにこえる雑木や笹が生い茂っているし、その傾斜たるやまるで壁のようである。しかたがないから、旧石灰工場の敷地に戻った。東側に一軒の廃屋がある。山裾に住んでいた人にとっては、この背後の山は、なにかにつけて登る機会も多かったであろうと、勝手に解釈して廃屋までたどりついた。

廃屋というのは、気持ちの悪いものである。折悪しく、雨が降ってきた。ただでさえじっとりと湿気がたちこめている廃屋が、雨の中にうずくまっている。気持ち悪いなあ、もう帰ろうかなあと躊躇しているうちに、足元から寒気が、はいあがってきた。本当は帰りたくて仕方がなくなったけれど、帰れない事情というものがある。家を出る時、妻に、「調査に行ってくるわ。結構、おもしろいこと、わかるかも知れへん。帰り、ちょっと遅うなるかもしれへんよって、先に食事すませといてや」といかにも研究者らしい態度で颯爽と出てきたのである。一歳になったばかりの娘にも、「お父さん、今日は調査に行ってくるからね。帰ったら、お風呂いっしょに入ろうね」と若々しい真面目なお父さんぶりを発揮してきた。

それなのに、今から帰れば、遅くなるどころか夕刻に帰宅してしまう。これでは面子がたたない。第一、卒論調査の時には、もっともっと凄いところも登ったではないか、あの時は蝮にも出会ったけれど、この季節にはそんな危険もないではないか。自らを鼓舞というほどでもないけれど、ちょっとばかり気合を入れて、廃屋の裏手から登りはじめた。ところがここもまた、石灰工場の裏手と同じことである。背の高い笹の中にもぐりこんでいるから、雨こそあたらないものの、前方は全く見えない。笹をつかみながら身体を持ちあげていったが、どれくらい登ったのか見当もつかない。

自分の荒い息と、笹の上を吹きわたる風の音だけしか聞こえない。と、突然、犬の鳴き声が聞こえてきた。少しばかり下の方から聞こえるが、複数の荒々しい声である。実は、小学生の時、奈良の奥山で山犬の群れに追いかけられた恐怖の体験がある。こんなところで、犬に噛まれて死んだって誰にも見つけてもらえないなあと笹にぶらさがっていると、至近距離にパラパラパラバラバラという霰《あられ》のような音が鳴り響いた。それまで聞いたことなどないけれど、とっさに散弾銃の音であると直感した。「わあー」と大声を出して山麓まですべり降り、夕食にはかなり時間のあるころに帰宅した。けげんな顔をする妻に、どのような言い訳をしたのかについては、書かない。

●列石遺構と東山道

このような経緯があって、二度目のアタックとなった。近くに住んでいる滋賀大学学生の塚田一弘君が同道してくれたおかげで、かなり大胆な登山ルートをとることができた。前回のルートは捨てて、天野川に面している南峰の西方にある発破現場の火薬庫跡をくぐりぬけ、うっそうと茂った雑木林を経たのちに、植林地の横の急坂を登ることにした。ところがこの傾斜は、きわめて厳しい。二十歳の塚田君は、平気な顔で登っていくが、残念ながら私の息は、ぜいぜいと喘ぎはじめた。ようやくのことで、眼前に南峰の山頂がひらけ、山頂にある二八四・六mの三角点の付近に、目ざす列石を確認したのは、午後二時であった。

列石は南峰と中峰の両山頂をとりかこむ楕円形の石塁である。その下方には直径が一、二mにもおよぶ巨石が並べられ、その上部に直径三、四〇㎝の石塊が無数に積み重ねられている。石塁の幅は一、二mほどで、石材はこの山の母岩である石灰石。比較的整然と残っている箇所の石塁

向山の遺跡から見た東山道
列石遺構が山城であるという保証はない。しかしこの山の眼下には古代の東山道が通っている。古代の不破関が置かれた関ヶ原もここから東へ行けばすぐという交通の要衝であった。

を撮影、塚田君に手伝ってもらって簡単な実測図も作成した。のち、はや夕やみのたちこめはじめた山を多和田の方へ下った。

この遺跡の発見者は、残念ながら私ではない。すでに明治四三年の『歴史地理』一六巻三五号には中川泉三氏が、また同誌一七巻三号（明治四四年）には藤井甚太郎氏が神籠石様の列石として報告している。ときあたかも神籠石論争が華やかなころであった。この遺跡の列石はごく小規模で、周囲約二〇〇間と報告されている。しかし私の踏査によればもう少し長く、五〇〇～六〇〇m程度はあるように思える。ただ、いずれにしても小規模であることは確かで、この点については次のように考えたい。すなわち、他の山城遺跡の石塁は山頂からかなり下方の山腹を取りかこんでいるのに対して、醒ヶ井の場合は山頂にごく近い部分、極端に言えば山頂とそれに付随する平坦地のみを囲んでいるにすぎない。

北九州や瀬戸内地方の山城遺跡は、大宰府あるいは国府の背後や、主要な交通路さらに軍事的な要衝に築造されているものが大部分を占めている。醒ヶ井の場合も、眼下に古代東山道が走る。しかも東方には近江と美濃の国境があり、軍事的な拠点でもあった不破《ふわ》関が立地している。

しかし北九州や瀬戸内地方の山城の多くが、中国大陸や朝鮮半島からの脅威に対抗する目的を持っていたのに対して、当山城の築造目的は他にあったと考えねばならない。この点に関して、大海人《おおあま》皇子と近江朝廷との間にひきおこされた壬申の乱を想定してもいいのではないか。不破関周辺に集結した大海人皇子軍の山城か、あるいはそれに対する近江朝廷側の山城かはわからないが、どちらかといえば、この地で勝利をおさめた大海人皇子軍による可能性が強いと想像したい。いずれにしても緊急事態の中で、いそいで築造された施設と考えることはできないだろうか。それゆえにこそ、ごく小規模なものとなってしまったのではあるまいか。想像はつきることがないが、山城は天智天皇の時代に数多く築城されたわけで、壬申の乱の時代は、山城による防御という構想が新鮮さを失っていない時代であったことは確かなのである。

視野を、もう少し広げてみたい。山城は、いったいどこから伝わってきたのか。

まぎれもなく朝鮮半島からである。『書紀』には、百済滅亡によって渡来してきた百済の貴族の指導によって築城されている例が見えるが、根拠はそれだけではない。実は古代に限らず近世にいたるまで朝鮮半島には、無数といってもいいほどの山城が存在していた。ある場合は、一村落の逃げ城にすぎないものもある。また、ある場合は国家的な山城として築かれたものもある。古代朝鮮史をさぐるうえで、最も基本的な史料である『三国史記』や『三国遺事』をみると、数百の山城が実際の攻防戦の対象となっていることがわかる。私はこれらの文献から、山城関係の記事を検索したことがあるが、そのカードは一〇〇〇枚をはるかにこえるものとなった。

朝鮮半島に渡って、本場の山城を見なければならないと思った。しかしこのころは朝鮮民主主義人民共和国はおろか、韓国に調査に行くことさえ容易ではなかった。現地調査が実現したのはかなりの時を経てからということになる。

2 古代国府のプラン

前章で述べた肥前国府調査がきっかけとなって、一九七五年以来、佐賀県に何度も行くこととなった。しかし古代の国府を本格的に研究するつもりはなかった。すでに藤岡謙二郎先生が国府研究にとりくんでおられたからである。ところが一九八三年に中国の江南地方をめぐったことがきっかけとなって、丹波や伊賀の国府調査にもかかわるようになった。研究テーマには、どこでめぐりあうかわからないものである。このころは、すでに考古学研究者によって、方格プランをもった都市としての国府に対する疑問が提起されていたが、地割や小字名からすると、やはり方格状の街区をともなった国府が存在していたと考えるようになった。

1　肥前国府の発掘調査

●遺跡に高速道路!?

寒い国鉄博多駅であった。自動販売機で買ったホットコーヒーをにぎりしめて、長崎本線の車内に飛びこんだ時、北九州の冬の意外な寒さに、それまでの認識不足を痛感した。

粉雪が舞いちる筑後平野に眼をこらしているうちに、列車は国鉄佐賀駅に着いた。改札口を出ると古ぼけた駅舎の中に、私の名前を書いた大きな紙を両手に持って立っている男の人が眼に入った。こんな出迎えをうけた経験ははじめてで、いったんその人の前を通りすぎ、人の数が少なくなったころ歩みより、「あのお、これ、ボクですけど」と紙を指さした。佐賀県教育庁文化課の樋渡敏暲氏との出会いであった。一九七五年のことである。

氏の車に乗って、佐賀県佐賀郡大和町へむかった。卒論調査で訪れて以来の大和町であった。いささかの経緯がある。肥前国府については、かつて米倉二郎先生が、大和町の久池井《くちい》付近に方八町の国府域と方二町の国庁域を推定しておられた。これに対して私は、先に述べた卒論調査のおりに得た小字名や小字界線の資料から、同じ大和町内ながら米倉説とは若干異なる地に国府域を推定し、それを『人文地理』誌上に発表していた。今から思えば、薄弱な根拠でよくも高名な先生に反論を唱えたものだと冷汗がでるが、若気のいたりでという決まり文句でもって、自らを納得させておくしかない。そしてまた、木下良氏も、国府域については米倉説と同様の立場をとりながらも、国庁については府域の中央部西寄りの地に比定する説を発表しておられた。

ところが、である。九州横断高速自動車道計画が発表された。計画によれば、肥前国府推定地にインターチェンジが設けられるという。しかもその地区は、米倉説の国庁推定地である。この

推定肥前国庁の遺構

掘立柱の建築遺構が整然と並んでいた。規模からしても重要な施設であったことは確実である。

計画に対して、佐賀県の文化課は、価値ある遺跡地区であるからとして善拠を申しいれた。対して道路公団側は、私の説をもちだして、もし高橋説が正しければインターは、国庁のみならず国府をも破壊しないという回答をしたという。

このような状況で、奈良国立文化財研究所の狩野久氏を通じて佐賀県の高島忠平氏に会い、肥前国府の発掘調査に際して、歴史地理学の立場から調査に協力してほしいという要望をうけていた。一二月になって佐賀から電話があり、発掘がかなり進んできたから、一度是非来られたいとのことで佐賀行となったわけである。

大和町の発掘現場には、大きなプレハブの現場事務所が建っていた。早速、国府周辺の国分寺跡・国分尼寺跡などを案内してもらい、そして発掘現場をまわった。当面の発掘範囲は米倉説の国庁域であるが、国庁の存在を示すめぼしい建築遺構は、まだ発見されてはいない。そのことに、内心では少しばかりホッとしている自分に、いやけがさす。

せっかく来たんだから、ちょっと仕事をしておこうと思い、以前には収集できなかった地籍図を役場で閲覧する手つづきをとった。しかし、残念ながら大字単位の古い図面は保管されていない。それゆえ、小字ごとの字限図（切図、字図）を借りだして現場事務所にもどった。外は粉雪。しかし事務所の中は暖かい。温度だけでなく、調査に従事している人達の雰囲気も暖かい。かなりの枚数の字限図を前にして考えた。二泊三日の予定では、これらの図面をトレースするのは無理である。写真にとろうと決断。ところがカメラは持参したものの、ストロボは持ってこなかった。やむをえず、現場の人のストロボを借用して、急ピッチで撮影した。夕方になってようやく完了し、写真店に届ける手配もした。

宿舎は、現場から嘉瀬川（川上川）に沿ってほんの少しさかのぼった川上温泉の旅館であったが、樋渡氏に送ってもらって旅館に入ったとたん、その豪華さと大きさに驚いた。卒論調査の時には、佐賀城前のユースに泊まり、ビールも飲まず、バスでやっとこさ大和町に来たのに、七年後の今は自分より年上の人の車で送ってもらい、豪華な旅館に経費は佐賀県負担で泊まれるなんてと感激した。

夕食後、樋渡氏から電話がはいった。写真店から連絡があった、写真はすべて失敗、カメラとストロボの同調がおかしかったことが原因とのことである。カメラ操作のミスなんて、中学生のときに買ってもらったフジカ三五Mで、初めて写したはずのフィルムが巻きとれないまま全部失敗だったあのショック以来のことであった。翌日、気をとりなおして、字限図のすべてをコピーした。このときの高島氏手作りの釜あげうどんの味が忘れられない。

●肥前国府の再検討

この時以来、何度も佐賀を訪れることになった。その間、文化課の樋渡氏や田平徳栄氏とは、佐賀市内で飲んでずいぶん親しくなった。佐賀大学へ講師として赴任する南出真助氏夫妻とともに、同じ列車で佐賀へ着いたこともあった。この時は、文化課の人に、私と同じ歴史地理を専攻する南出氏を紹介しておきたいということもあって同行したわけであるが、彼の奥さんが、新装なった佐賀駅をみて、思っていたよりもずっと都会だと笑顔を見せた。あの時の老朽化した駅舎でなくってよかったなあ、佐賀もわりあい都会やろと自慢したくなった。発掘調査は着々と進んだ。米倉説の国庁域からは結局、国庁であることを実証する遺構は現われず、そのかわりに嘉瀬川に近い微高地から、大宰府の政庁を模したと考えられる国庁推定遺構が発見された。私の考えた国府域からも、はずれた地点であった。討議の結果、この遺跡を中心として史跡指定の手続きがとられることになった。

とすれば、私の推定した地区は、全くの的はずれであったのだろうか。そう決めつけてしまうのは、やはり無理があると考えた。それは、発見された国庁とは離れた地区に、少なくとも先に収集した地籍図段階では条里とは異質の一町間隔の方格地割が存在しているからである。国分寺の西境には南北に通じる道があるが、それに平行する一町間隔の直線道路群と、それらに直交する直線道路群が地籍図では認められる。しかも古代の官道の痕跡や、国府橋という名のある橋もある。したがって方格地割群は古代の国府の方格都市プランの可能性が強いと考えたわけである。とすれば、発掘された国庁遺構とは別に、国府や国庁の存在を想定できること、さらに国府が移転した可能性もあるのではないか。

2　丹波国府と伊賀国府

●杭州の湖畔にて

中国をはじめて訪問したときのことである。一九八三年の夏、上海から火車（汽車）に乗って杭州に着いた。

杭州には数日間滞在して、多くの遺跡や名勝地をまわったが、宿舎に割り当てられた西冷賓館は宮殿のような豪壮なホテルであった。中国とソ連が緊密な関係にあったときに建設されたホテルで、ある種の威圧感がただよっていた。なによりも部屋が大きかった。私たちの旅行団は約二十名によって構成されていたが、ホテルを変わるたびにくじ引きで二名ずつが一部屋に泊まるというシステムをとっていた。団にあてられた部屋数は十室余であったが、それぞれ控えの間やクローゼットルームなど複数の部屋からなっていて、そのうち最も立派な部屋は、なんと五室以上もの区画から構成されていた。団員はその部屋のことを「エンペラールーム」と呼び、夜にはそこに集合、ウイスキーを酌み交わしつついろんな話をした。

私と同室は、上海のホテルでも同室であった京都府の杉原和雄氏であった。たまたまくじ引きの結果が重複したわけである。ところがこの旅行ではじめて知り合った二人であるから、上海ではお互いに遠慮がち、やや他人行儀の雰囲気の夜をすごしていた。

さすがに連続して何夜も同じ部屋で寝ていると、互いの息づかいにも慣れてきて、かなり親しい雰囲気がただよいだしてはいたが、それでも長年の友人というわけにはいかなかった。互いに敬語で話していた。


ところがこの遠慮が一夜にして吹き飛ぶようなできごとがおこった。例によって、夕食以降の酒で酔ってしまった二人は、ツインベッドに横たわって眠りに落ちた。もちろん別のベッドにである。ところが深夜、ふと左手に生暖かいものが感じられた。声にならない叫び？　をあげると、「あっ」という声がかすかに聞こえ、声の主は隣のベッドにもぐりこんでいった。

朝になって、言わないでおこうかとも思ったが、そのままにしておくのもなんだか変である。朝食の席で、「杉原さん、夜中に僕のベッドに入ってきたやろ」と言った。「ごめん。トイレに行ってベッドに戻るとき、ついうっかりまちがえてしまったんや」と彼が言った。そしてこのできごとをきっかけに、二人はごくごく親しくなった。

杭州の周濠
杭州は堀によって囲まれていた。江南には豊かな水がある。

帰国して、伊丹空港で解団式をおえてのち、どちらからともなく「またぜひ会おう」と握手をした。約三ヶ月が経った。杉原さんから「髙橋さん、いっぺん現場にきてくれませんか」という電話が入った。二十年以上にわたる交友の始まりであった。

●丹波国府の調査

財団法人京都府埋蔵文化財調査研究センターは、京都府教育委員会と密接な関係を持つ組織である。わが国でも有数の調査研究機関で、京都府下の発掘調査を実施している。

当時、杉原さんは係長か課長補佐の任にあって、単一の現場を担当するのではなく、いくつかの発掘現場を統括するという職務についていた。発掘調査というものは、もちろん考古学専門の人間がやるけれど、どうしても現場の担当者だけでは主観的になってしまう可能性がある。そこで歴史地理学の視点からなんらかの助言をしてもらえないかという依頼であった。

たしか向日町の駅であったと思う。杉原さんの車に乗りこみ、国道九号のバイパスを通って亀岡盆地に入った。大規模な篠《しの》の登り窯の発掘現場、ここには七十基以上もの須恵器の登り窯が存在しているが、この時点では二一基が発掘調査されていた。亀岡盆地の発掘現場はここだけではない。太田遺跡や南北の金岐《かなげ》遺跡などにも広大なトレンチがあけられている。さらに盆地北端の千代川《ちよかわ》・桑寺《くわでら》でもトレンチがあいていた。国道九号バイパスの敷設にさきだって発掘調査が始められているのである。

これらの遺跡は弥生時代・古墳時代、さらに奈良・平安時代や中世の遺構が複合していて、興味深いものである。現場ごとに意見を求められるが、どうしても考古学の視点に立ってしまう。中学生のときからいろいろの発掘のお手伝いをさせていただいたということもあって、一つ一つの遺構の解釈にかたよってしまうという癖がぬけきらない。ところが、現場担当者にすれば、私には歴史地理学の立場からの助言を期待しているのである。そこでトレンチの周辺の地形や地割に眼を向けて、なにがしかのアドバイスをしようと努力をした。肥前国府の調査で、ある程度の経験をつませていただいてはいたが、このころの私は、中途半端に考古学をかじった未熟な歴史地理研究者の域をでなかったと、今になって思う。もっとも現在も多少は成長したかなあという域を超えてはいないけれど。
いずれにしても、現場担当者から詳しい説明を聞き、発掘上のアドバイスを求められ、また今後あけるべきトレンチの設定箇所の指示を求められるという経験は、私にとってえがたい経験となった。杉原さんにはその後も、長岡京や恭仁《くに》京の現場に連れていただいた。なによりも各発掘現場で多くの考古学研究者と親しくなれたことが大きな財産になった。遺漏を恐れて個々のお名前はあげないが、心から感謝したい。

亀岡盆地には丹波国府が設置されていた。しかし、その遺構は確認されていない。発掘担当者から教えてもらうばかりでは申し訳ない、歴史地理の方法論をいかしてなにかお返しをしなくてはと思って、「亀岡盆地の条里と丹波国府」という論文を書いた（『人文地理学の視圏』、一九八六年）。亀岡市役所で収集した大縮尺の地図と字図などから亀岡盆地の条里遺構を復原し、千代川地区にみられる方格地割のうちで六町四方の範囲を丹波国府と推定したものである。私としては、単なる地割だけではなく、地形や小字名などを指標として推定したもので、国府域のみならず国庁域についてもそれなりの自信をもって書いた。ところがその後におこなわれた発掘調査でも、明確な遺構は確認されていない。発掘によって確認できなかったから必ずしも誤った推定であったということにはならないが、それを強調しすぎることは慎むべきであろうし、まあ、ちょっと無責任な言いかたになってしまうが、このへんが考古学と歴史地理学の関係のむつかしいところである。

●伊賀国府の調査

堀内明博氏と今尾文昭氏も、中国江南の旅で一緒だった。今尾さんについてはのちに述べることにするが、まず堀内さん。彼とはその後も同じような旅をくり返すことになったが、この江南の旅が初対面であった。彼は建築史を専門として京都市で発掘調査に従事していた。地図を「読む」というセンスはだれもが持っているものではないが、地理学をやっている私などより、はるかに読図のセンスがあることに感心した。しかも研究熱心でエネルギーのかたまりのような人物である。

到着した中国の都市では、まず書店へ走っていく。当時の中国の主だった都市には新華書店という大きな本屋があったが、移動中の火車やバスのなかでその場所を確認しておいて、市街地に着くやいなや書店へと直行する。そして多くの本を買い込んでしまう。しかも「先生、地理の本があったから買っておきましたよ。定価○○元、これ領収書、チップ不要。」とのサービスまでしてくれるようになった。彼に言わせれば、「中国の本は見つけたらその場で買っておかねばいつなくなるかも知れません。同じ専門書を何冊もそろえているような本屋は日本にもないでしょ。同じ団員でも、本の購入に関しては、ライバルですよ。先生、甘い甘い、チャンスは限られていること忘れちゃダメ」。次第に、団員から「ホリウチは中国の本を買い占めるつもりか」と言われるようになり、ブックボーイはいいとしてもブックデビルとまで呼ばれるようになった。

一九八八年、その堀内氏から電話があった。伊賀で大規模圃場整備事業が実施されることになって、国府の推定地を含む地区で発掘調査が予定されている。三重県の文化財関係者から問い合わせがあったから、歴史地理の専門家として推薦しておいた。圃場整備事業で歴史的な景観が破壊されていくこと、大きな問題だと思うので、ぜひともメンバーに加わっていろいろの意見を出してほしいということであった。

以来、たびたび上野市の発掘現場を訪れることになった。発掘指導員のメンバーは、歴史地理の私以外のほとんどが考古学の専門家である。第一回目の会議のときに、まず圃場整備事業については反対であることを述べたが、いまさらそんなことを言われても……というのが三重県の文化財担当者の反応であった。これは当然のことで、すでに国や関連機関・部署において決定済みである。私とてもちろん承知した上での基本姿勢の表明というつもりで発言したわけで、この際に、きっちりとした形で現景観の記録保存を実施していただきたいということに重点があった。具体的に言うと、大縮尺の地図の作製と保存、古い地籍図の保存と分析(地割・地目・小字調査)、さらに新しい農地に変えられれば歴史的に重要な意味を有している灌漑《かんがい》用水系統も根本的に変わってしまうので、詳細な灌漑用水調査を行うべきであるというのが骨子であった。

灌漑用水系統調査が重要であるとの認識は、学部学生時代に伊達宗泰先生の天理市の布留川水系の調査をお手伝いさせていただいた経験がもとになっている。その折の調査で、現在の灌漑用水系統が古代にまでさかのぼる可能性があること、さらには古墳時代の豪族や古代の領域などの分析についても有効な方法となることなどを学んだ。その後も、滋賀大学の同僚であった小林健太郎教授や野間晴雄助教授との共同調査として、滋賀県内はもとより群馬県や佐賀県、香川県の条里地割分布地域でも類似の調査をしていたのである。

私の意見は基本的には取り入れられて、かなり詳細な調査が実施され、少なくとも記録保存という点では、ほぼ満足のいくものとなった。

ところが国府調査については意外な結果になってしまった。というのは当初の推定地とは異なる場所から国府関係の遺構が出土したのである。それまでは柘植《つげ》川と服部川にはさまれた平地部の印代《いじろ》が伊賀国府と考えられていた。この推定は何人かの歴史地理学研究者によって提唱されていた説で、府中や一之宮の地名、さらに方格地割の存在などから、最も蓋然性に富む説として支持されていたのである。したがって本格的な発掘調査に先立つ会議においても、まず確実に古代国府関係の遺構は発見できるであろうと考えられていた。しかし、いざトレンチを入れてみると、この地区からは思わしい発掘成果はあがってこない。そこで柘植川の対岸、すなわち北岸にもトレンチが入れられることになった。

この地区は山麓から河岸にいたるまでの間がごく狭く、とうてい方六町などというような広い国府域を想定できない場所である。しかし「国町」という地名が残されていて、あるいはこのクニマチはコクチョウ（国庁）に通じるのではないかという想定もできたからである。その結果、多くの掘立柱建築物などが確認されることになった。従来の国府推定地に伊賀国府が存在しなかったとまでは言えないが、この国町地区に国府関連の施設が存在していたことは確実であろうという結論が得られたのである。

実のところを言えば、これで伊賀国府の調査が完了したとは言えない。印代地区の実態の検証、府中や一之宮地名との関係など、解決すべき課題は多く残されている。なによりも歴史地理学的手法と考古学による発掘調査の照合・検証を、感情論をぬきにしてあらためて議論すべきであろうとも思う。

なお後日談になるが、堀内氏のこと。中国の書店を息せき切ってかけまわる彼の努力は、私にとって大きな恩恵を与えてくれることになった。東アジアの都城の平面図を収集する必要に迫られて文献を探したが、私の手元はもとより近隣の大学図書館にも所蔵されていないものが多くあった。思い余って堀内さんに電話したところ、どうぞ使ってくださいという。おかげで当初考えていた以上の文献を参照することができた。たしかに堀内さんの言うとおりであった。本というものは見かけたときにはその場で購入しておかなければならない。

3 古代日本の都城調査

平城京や藤原京は、子供のころから親しんできた空間である。中学生のときに飛鳥の発掘調査に参加させてもらった経験もある。このような遺跡を対象として歴史地理学の分野から調査させてもらえるということは、私にとって大きな喜びであった。発掘調査をふまえつつも、それとはやや離れて、地表上に残された景観をもとにしてそのプランを考えることにおおいに魅力を感じるようになった。千数百年の時間を経てはいるが、いまもなお古代の道路遺構が水田や畑のあぜ道や水路に生き続けているのである。

1　平城京

●よみがえる平城京

一九六九年、大学院に進学した年のことである。伊達宗泰先生から、平城京に関する調査にかかわってみないかという誘いがあった。奈良市によって平城京保存調査会という会が組織されて、いろいろの面からの調査が行われるという。

平城京や平城宮跡は、少年時代から親しんできた空間である。平城京の外京で生まれ育った私は主として外京のなかで生活してきた。一条通や三条通という呼名にも日常的に親しんでいた。ときには自転車に乗って、平城宮跡へ遊びに行った。菰川《こもがわ》という小さな川が流れていて、父や弟と魚つりをした。ときには近所の友人とさそいあわせて「カイドリ」という遊びもした。川の上流部と下流部の二ヶ所をせきとめておいて水を掻《か》い出す。やがて魚が姿をあらわし、それを手づかみで捕るという遊びであった。もちろん小学校高学年のころには、この地区は昔の日本の都であり、大内裏地区であるということも知っていた。

そのような都城を調査するということであるから、よろこんで参加させてもらうことにした。ちょうど全国的に大学紛争の嵐が吹き荒れているときであって、時間的にも余裕があった。

この調査会はいくつかの班に分かれていたが、私の参加させてもらった班は、岸俊男先生を中心とする平城京条坊制の復原を目的とする班と、伊達宗泰先生を中心とする平城京域内河川の歴史的変遷に関する研究班であった。

前者の作業は、奈良国立文化財研究所が一九六二年に撮影した空中写真から図化した千分の一地図や二千分の一に拡大した空中写真などを基礎にして、奈良市役所（一部は大和郡山市）保管の明治二二年作製の旧大字地籍図によって、一筆ごとの地割を復原するというものであった。

作業は主として奈良国立文化財研究所の古い建物で行われた。この建物は、奈良国立博物館の東側にあり、有名な関野貞博士の設計になるものである。伝統のある建築物の中で、岸先生を中心に、奈文研の狩野久氏・鬼頭清明氏・横田拓実氏、古代史の和田萃《あつむ》氏、そして千田稔氏と私が集まって作業をした。ふだんは謹厳な岸先生であるが、気楽な雰囲気の中でおこなわれた。昼休みには卓球をして汗も流した。

楽しい日々ではあったが、年末になって岸先生が「正月はどうせ家で酒でも飲んでいるだけだから、三日から始めよう」と言われたのには、いささか閉口した。しかし「正月くらいのんびりしましょうよ」とは誰も言えなかった。

それにしてもこの調査は、地味な作業であるにもかかわらず、迫力に満ちていた。地図の上に記入した古い地割の範囲が広がっていくにつれて、そこにはくっきりと平城京の条坊制の道路が

平城京復原模型（奈良市所有）

現れていったのである。この水田がかつての朱雀大路、この南北につづく水田と畑が左京一坊の坊間大路、というように、あたかも古代の道路が現存しているかのように浮かび上がってくる。私たちは、条坊制の道路敷と推定される部分に、黄色の色鉛筆で色を塗っていった。黄色の色彩がしだいに増え、そこには見事に平城京のプランがよみがえっていったのである。

この図をもとにして、やがて平城京の復原模型が作製された。奈良市役所のロビーに展示されている模型を見るたびに、このときの作業風景を思い出す。

一方、伊達先生の班は、フィールドでの作業を中心とした。千田さんや私のほかに、金田章裕氏、戸祭由美夫氏、秋山元秀氏も加わって、平城京域内でボーリング調査をおこなった。寒い風のふきぬけるなかで、一本のボーリング資料を得るにも、かなりの時間がかかった。しかもようやく掘りあげたデータを検討するだけでは、川が流れていたという確証とはならない。先の地籍図による結果と照らし合わせることによって、ようやく旧流路を復原することが可能になった。

泥土にまみれながら、いつまでこの作業をやらねばならないのだろうと、すくなくとも私などは思っていた。しかしこれらのボーリングデータと地籍図に記されている地割などを照合して考えると、平城京の外京を除いた東京極大路沿いに佐保川の旧流路があった可能性の高いことがわかってきた。特に、現JR奈良駅の南方にはため池が南北方向につらなっていたが、池と池との間の水田の下に、河川性の堆積物が見られる。したがってため池は、河川流路の痕跡であると推定できた。とすれば平城京本体の東端は、川によって画されていたということになる。

●『大和国条里復原図』の作製

この平城京調査の影響は、きわめて大きかったと思う。古い地籍図が、古代の景観の復原に有効であることは、すでに歴史地理学の分野ではいわば常識として知られていたが、古代史や考古学の人たちもあらためて認識することになったと言ってよい。

一九七五年にスタートした奈良盆地の地籍図による調査も、この平城京調査が大きなきっかけになったと言ってよいであろう。これは大和国条里の総合的研究を主目的にして、県立橿原考古学研究所が実施したものであるが、奈良盆地の古い地籍図を基礎資料として、地割、小字、水流・池・沼、条里呼称などを、二千五百分の一または三千分の一の地図に記入復原していくという調査であった。調査は、古代史学、中世史学、地理学のメンバーから構成されていた。

この調査は、奈良盆地全体に及ぶもので、市町村によっては地籍図の形式や精度に大きい差があった。それゆえ完成まで、かなりの困難があったことも事実である。地籍図は基本的には役場からの借り出しがむつかしいから、多くは市町村役場の一隅を借りての作業であった。作業量は膨大なものとなって、当初のメンバーだけではとうてい追いつかず、多くの大学の大学院生や学部学生も各地の役場で奮闘することになった。

ただ、あえて不愉快なことを記しておきたい。実は、一九八〇年に刊行された橿原考古学研究所編『大和国条里復原図』の「解説」には、私たちの名前は列記してもらったが、大学院生や学部学生諸君の名前は記載されていない。せっかくの歴史的な事業であったのだから、かかわった人の名前は表記すべきであると憤慨した覚えがある。このときの苦い思いがあるから、自分が中心になった調査を公刊するようなときには、協力してくれた人の名前を必ず明記しなければならないと決心した。このことはいまも守っているつもりである。

それはさておき、『大和国条里復原図』の完成は、歴史地理学だけではなく歴史学や考古学にとっても画期的なことであった。縮尺五千分の一の地図が一一二面収録され、明治期の地割や小字名が記載されている。タイトルにこそ「条里復原図」とされてはいるが、単に条里制に関する情報だけではない。古代の景観復原やそれ以降の奈良盆地の景観の変貌を研究するうえで、きわめて重要な史料となった。この作業にかかわっているときには、これが完成したら奈良盆地の研究は飛躍的に進むであろうと思っていた。うっかりすれば歴史地理学の人間として、やることがなくなるのではないかとも心配していた。

ところが、当初予想していたほど、この図集は利用されていないように思える。たしかに一部的には便利なものとして利用されているし、この図集の恩恵をこうむった人は数多いであろう。しかし、本来ならこの図集を全面的に分析して、奈良盆地を総合的に考察するような研究が出現してもよかったが、すくなくとも今の段階では、この図集を生かしきった研究は発表されていない。その一つの原因として、タイトルや「解説」に「条里復原」というテーマが前面に押し出されているということをあげていいのではないだろうか。たしかに条里制は重要な課題ではあるが、この図集には条里制以外の重要なデータが含まれているのである。

2　藤原京・飛鳥・横大路

●さまざまな計測

いろいろの手法を使う歴史地理学であるが、滋賀大学の教官になってから、計測という方法論をとることが多くなった。伝統的な歴史地理学の手法の一つとして、先に記したように古い地籍図や絵図を利用して過去の景観を復原するという方法論がある。地籍図の場合は、一筆ごとの資料であるからミクロな分析が可能で、精密な議論も展開できる。したがって、私も地籍図などを利用して景観を復原するという手法を、現在に至るまで採用し続けている。

しかし、景観復原だけでは、歴史地理学の可能性は限られてしまうということも事実であろう。そのような思いもあって、いろんな方法論を試みてきた。

修士論文では、須恵器の産地分析をおこなうために、奈良教育大学の市川米太教授に教えてもらって、熱ルミネッセンス分析やX線回折をしたこともある。奈良県内の多くの遺跡からは、大量の須恵器が出土するが、それを焼成するための登り窯遺跡はごく少数しか発見されていない。いったいどこで生産されたのであろうかという疑問が、出発点であった。このときには伊達宗泰先生や同志社大学の森浩一先生にお願いして収集した須恵器片を試料化し、なれない分析器械にかけて、包含物や年代を計測した。その結果、奈良県内の遺跡出土の須恵器の成分は、大阪府南部の窯業遺跡に散布している須恵器の未製品や破片の成分と一致することがわかった。大阪府南部が生産地であり、奈良県が消費地であったということになる。のちに論文にしたが、理学部の先生方からは賞賛してもらったものの、文科系の研究者からの評価は期待していたほどではなかった。変わったことをやりよったという声が多かったように思う。

それはさておき、滋賀大学教育学部の地理学教室では、夏休みの期間中に、県内で実習調査を実施していた。現役の学生だけではなく卒業生も参加してくれたから、調査メンバーはかなりの数にのぼる。この人数を生かさない手はない。そこで一軒ごとの聞き取り調査や一筆ごとの土地利用調査など、いわば人海戦術をとることが多かった。

たとえば近江盆地に残されている条里地割を現地で測量することもおこなった。というのは一般的な条里制の一坪の一辺は、一町すなわち一〇九m余りであるが、それよりも短い尺度によって施工された方格地割があると考えられるからである。事実、一〇六m地割を検出することもできた。炎天下の水田を巻尺で計測するという調査は、のちには光波距離計を使うことによって、やや効率的になったが、いずれにしても苦しい作業であった。しかしそれだけに、調査を終えてのコンパは楽しかった。

これなどは岸俊男先生が主張された飛鳥における方格地割にも通じるものではないかと思われる。古代飛鳥において「倭京」という表現が見られることは事実であるが、本当に「京」と呼べるような都市計画があったのか否かは大問題である。このことは日本における計画的な都市プランの出現が、飛鳥か藤原京かという問題に直接かかわってくる。この問題に対して岸先生は、飛鳥において一〇六mという方格地割があった可能性を推定されたのである。後日の話になるが、関西大学の学生実習で、飛鳥の方格地割を計測したことがある。その結果、岡の集落とその近辺で一〇六mと思われる地割を検出することができた。これだけで岸説が正しいとすることはできないが、ひとつの可能性として考えておくべきであろうと思う。

いずれにしても、このようなことを試みているうちに、計測という手法の有効さとやりがいを実感するようになった。せっかく地表に残されている歴史的遺構であるから、愛着をもって測ってみたいという気持ちが強くなっていった。デスクワークではなく、いわば泥臭いことをやりたい、フィールドワークこそ地理学であるというこだわりを捨てれば地理学の魅力が半減するということ、いまや私の信念になっている。

その後、デジタイザーで、大和の前方後円墳の面積や、後に述べるように東アジアの都城を計測するようになったのも、歴史地理学に遺構の計測という手法を取り入れたいという思いからであった。

●横大路の幅員

先にも少しふれた中国旅行で親しくなった橿原考古学研究所の今尾文昭さんから、一九九二年の冬に電話がかかってきた。それまでも彼からは、担当している発掘現場への誘いの電話がしばしばあったが、このときは橿原市の現場からであった。

聞けば近鉄大和八木駅の南方で発掘をしている、古代横大路の路肩と思われる遺構が出土したから、ぜひ見に来てほしいとのことである。古代大和には二本の横大路と呼ばれる東西道路が敷設されていたが、この場合は南のほうの横大路であって、岸説藤原京の北京極大路、すなわち藤原京の北を画する重要な道路である。奈良盆地には有名な下ツ道・中ツ道・上ツ道という三本の南北道路があり、平城京や藤原京さらに条里制の基準となっているが、この横大路も古代の大和を考える上できわめて重要な道路であったことは論を待たない。

さっそく現場を訪れた。八木駅から南へ行ったところにある法務局の宿舎敷地に開けられたトレンチには、明確な道路遺構が出土していた。今尾さんと二人で検証したが、道路面には瓦などで地鎮めをおこなった遺構も出土しており、路面が急傾斜で南側にさがったところは溝になっている。したがって、横大路の南側の路肩であることは確実であろうという結論に達した。

ただトレンチの中を検討しているだけでは、やはり心もとない。今尾さんに「ちょっと周辺を歩いてみようよ」と言って、下ツ道との交差点などを歩いた。そこから折り返して、発掘現場の北側にある高田池の南西隅に来たときである。ふと西方向に視線を向けると、近鉄電車の車両が見えた。その方角には民家が密集している。にもかかわらず一〇〇m以上離れた線路まで見通しがきくことに気づいた。立っている地点から近鉄の線路までの間には細い道が通っている。しかも東方向へ眼を向けると、同じような細い道が東へ続いている。あわてて今尾さんと二人で、この地点と発掘された横大路南路肩までの間隔を巻尺で計測してみると三〇m余である。

「これはひょっとしたら横大路の北側の路肩の痕跡かもしれない。家に帰って検討してみる」と約束をして、ともかくもこの日は別れた。

帰宅してから前記の『大和国条里復原図』を見ると、なるほど高田池南西隅から見た小道は、断片的ながら東西方向に連続している。翌日、条里復原図をコピーしてつなぎ合わせてみると、なんと東西に横大路の北と南の路肩の痕跡と思われる地割が連続しているではないか。

一週間ほど検討してから、ふたたび現場へ行った。それまでのあいだに今尾さんは横大路関係の論文を集めていた。それによると横大路の幅員すなわち道幅については、和田萃さんや千田稔さんの論文があり、和田さんは約二八mすなわち大尺（高麗尺）の八丈、千田さんは約四二・五mすなわち大尺（高麗尺）の一二丈と推定しておられることを知った。お二人とも日ごろから親しくしていただいている先輩であるから、敬意を表して納得しておきたいけれど、二人の説が大幅に違う。しかも今尾さんが発掘した遺構は、当然ながら考慮のなかには入っていない。しかもお二人が基準とされる地割や小字などは、どうも私が条里復原図で注目したものとは微妙にずれているような気もする。

そこで今尾さんといっしょに巻尺で計測してみようということになった。寒い季節で、しかも風が強い。巻尺は風によってあおられてまっすぐ伸ばすこともできない困難な調査であったが、なんとか測りおえることができた。橿原市・大和高田市・桜井市の広い範囲にわたったが、小道

古代横大路の痕跡

なぜこんな写真をと思われるだろうが、この駐車場の奥が古代横大路の南の路肩にあたる。古代の痕跡はいろんなところに残っているのである。

のほかに溝や宅地の境界線、水田や畑の地筆界線、駐車場敷地など、さまざまな形で、横大路の北と南の端が残っていることがわかった。これらを先の発掘遺構と照合しながら計測していくと、横大路の幅員は約三六mすなわち大尺（高麗尺）の一〇丈ではないかという結論になった。

この日の調査には、後日談がある。今尾さんが「実は耳成山の南側で発掘調査の計画があるけれど、研究所の誰もが担当したがらない」ともらした。計測作業を終えてプレハブの事務所で図を見ると、その敷地はまさしく横大路の北路肩が通っているポイントである。「今尾さん、僕たちが測っていった各ポイントを結んだ直線をひけば、発掘予定地のなかに北路肩か北側溝がある可能性が高いよ。誰も手をあげないなら担当したら」と言った。後日、「先生、ドンピシャでした。北の側溝に当たりました」という連絡が入った。これらの調査結果を二人の共著というかたちで『古文化論叢』に発表したのは一九九七年であった。

3 紫香楽宮と恭仁京

●紫香楽《しがらき》宮と宮町遺跡

聖武天皇による紫香楽宮の所在地として、現滋賀県甲賀市信楽町黄瀬の「内裏野《だいりの》」が想定されてきた歴史は古い。たとえば『淡海《おうみ》温故録』や『近江輿地《よち》志略』によっても、地名や古瓦分布などから、この地が紫香楽宮や甲賀寺の場所としてみなされていた。このようないわば伝統的所説にのっとって、第二次世界大戦前に内裏野の礎石調査が行われ、紫香楽宮として仮指定されたのち、内務省によって一九二六年には内裏野の礎石建物群が紫香楽宮として指定、国の保存措置が講ぜられることになり、一九三〇年には肥後和男氏による詳細な調査によって「甲賀宮国分寺」であることが示されるに至った。

このような所説は、基本的には内裏野と呼ばれる地区内の礎石群を主軸にしたものであったが、宮としての拡がりを持つ面的空間と理解したのは、足利健亮氏であった。氏は、北を隼人川、南を下山川、西を大戸川で限られた三〇～四〇mの比高で浮かんでいる丘陵が、東西・南北ともに八町ばかりに及ぶこと、またその周囲に見られる道路・水系などから、約一㎞四方の拡がりを紫香楽宮として推定された。なおこの説を提示した際に、氏は、内裏野の北の宮町の小盆地を、その地名やかろうじて方八町区域を設定しうるスペースがある点から、いわば内裏野以外の唯一の立地可能地としてあげたが、北および西の大部分が低湿な水田地区であり、南および東側が台地で高くなるという地形でもあるので、宮室立地点としては考慮の対象外において誤りないとした。

ところが、一九七〇年代に開始された圃場整備事業に伴って宮町地区から出土した掘立柱の柱根が、年輪年代測定法によって天平一五年秋に伐採されたものであることが判明することによって、紫香楽宮所在地に関する新たな転換期を迎えることとなった。一九八四年に開始された宮町地区における第一次調査以降、遺物や遺跡の発見が相次ぎ、次第に紫香楽宮所在地としての可能性が高められていったが、二〇〇〇年度の調査で南北に伸びる長大な掘立柱建物が確認され、翌年度の調査によってもそれと対を成すと推定される建物遺構が確認されるに至って、宮町地区こそが紫香楽宮の中心地区であると考えられるようになったのである。

さらに宮町地区だけではなく、その周辺で各種の遺構も発見されつつある。すなわち、宮町地区の南を画する丘陵南側における新宮神社遺跡調査によって掘立柱建物や橋さらには朱雀路と想定される道路遺構も判明、また宮町遺跡の西南では井戸遺構（北黄瀬遺跡）の存在も明らかになり、新宮神社遺跡と史跡紫香楽宮（甲賀寺）との中間の丘陵縁辺部からは奈良時代の大規模な鋳造遺跡（鍛冶屋敷遺跡）も発掘されて、大きな注目を集めることになった。

●紫香楽宮周辺の方格地割

現在は紫香楽宮跡調査委員会の委員をつとめているが、これについては前段階があって、委員会に加わる以前にも紫香楽宮の発掘現場を見ることが多かった。というのは信楽町（現甲賀市）で発掘業務に従事している鈴木良章氏は、かつて龍谷大学文学部で私の講義を受講していた。そのころ私は、滋賀大学に勤務していたから地理学専攻の学生などに声をかけてアルバイト要員の確保などに協力していた。そのような関係もあって、しばしば個人的に発掘調査の現場を案内してもらっていた。その後、先述の足利教授が亡くなって歴史地理の立場から委員に加わってほしいということになった。

発掘調査は毎年継続され、成果もあがってきた。とくに宮町地区で長大な建築物が発見されて以来、マスコミの注目する所となり、史跡指定や保存の問題もでてきた。そこで次のような論文を書いた。

信楽町においては圃場整備事業以前の地図が保存されており、宮町地区に関しては「宮町地区旧地形合成図」も調整されている。ともに縮尺は千分の一で、旧地割と発掘成果を詳細に照合することが可能である。そこでこれらの地図に記された地割と、発掘調査によって判明した主要な建築遺構や推定旧河川流路をあわせて考えると、計画的と想定できる方格地割の存在がわかる。

しかもこの種の方格地割は、宮町地区にだけ認められるのではない。圃場整備事業以前の地図を検討すると、宮町地区において認められる方格地割と類似する方向を持った方格地割が、信楽盆地北半部のかなり広い範囲にかつては存在した。もしこれらの地割が、古代に起源を有するものだとすれば、紫香楽宮は単なる宮殿地区の建設と整備のみにとどまらず、より面的な広がりを持った計画性によって造営されたと考えることが可能となる。すなわち、北は宮町地区から南は勅旨《ちょくし》地区（現信楽高原鉄道勅旨駅辺り）に至るまでの盆地平坦部に、断片的ながら同一方向の東西南北地割が認められるからである。

この種の方格地割の成因として、古代の条里制を想定することもできるが、少なくとも現在までのところ信楽盆地に条里が施工されていたという証拠はない。また、小字地名の中にも条里関係の数詞坪地名などは見られないから、これらの方格地割が条里地割である可能性は低いと考えられる。もちろん当該地割が、東西南北というごく一般的な方位のものであるために、後世のものである可能性は否定できない。しかし、今後の紫香楽宮調査の上では、やはり無視することは不適切であると思われる。

要するに宮町地区の南方で史跡紫香楽宮との中間点には、新宮神社遺跡と推定朱雀路が確認され、さらにそこから西方の地点の北黄瀬遺跡では特殊な井戸遺構によって何らかの施設が営まれていたことが推定される。また隼人川の南方では大規模な鋳造遺跡である鍛冶屋敷遺跡の存在も明らかにされている。このような発掘調査結果は、紫香楽宮関係の施設が宮町地区に限定されるのではなく、より広い範囲に展開していたことを物語っている。それゆえ今後の調査対象として、史跡紫香楽宮跡をも含めた少なくとも信楽盆地北半部を精査する必要性がある。現段階で、紫香楽宮に都市的な展開があったと想定することは速断のそしりをまぬがれないが、史跡指定・開発と遺跡保存などの面で、十分に意識することが要求されるのではないか。

●紫香楽宮と恭仁京の立地と風水思想

紫香楽宮にさきだって、恭仁《くに》京と呼ばれる都城が建設されたことはよく知られている。恭仁京の建設が始まってから一年余り経過した七四二年に「恭仁京東北道」が開通、その半年後に紫香楽宮の建設が開始された。両地を結ぶルートは具体的には明らかではないが、恭仁京のある加茂町から発して、和束《わつか》町の白栖・原山・湯船を経由、信楽町の朝宮・長野・勅旨を経て紫香楽宮に達する一日行程の最短路であったと想定されている。したがって両地は、きわめて密接に結びついていたわけで、その当時も山間の道を辿れば短時間で往来できるという意識があったことは間違いがない。この点からすると両地点は、いわば一つのペアとして認識されていたと想定できる

紫香楽宮と恭仁京
（著者作図、『地域と古文化』より転載）

し、両地点の地理的立地には、おどろくほどの共通性があることに気づいた。

第一点は、恭仁宮と紫香楽宮は、山城盆地と近江盆地からともにある種の隔絶性を有した小盆地の中に位置していることである。平野からの視野を遮るという地形的共通性は、防御的な観点からも理想的であったし、またたとえば宗教的な静寂を保つという点からしても、ふさわしい場所であった。しかし、それはいわば日常的世界である沖積平野からの断絶を志向したものではなく、むしろ第二の共通点として、両地点はすぐれた交通的位置にあったということがあげられる。

すなわち、恭仁宮と紫香楽宮は、それぞれ木津川と大戸川に面している。木津川は山城盆地に流下してのちは北西流して淀川に合流する。また大戸川は西流して近江盆地底である琵琶湖から流れ出している瀬田川に合流する。要するに恭仁宮・紫香楽宮ともに、これらの河川を介して、直接的に古代日本における中心地である二つの盆地と結びついていたし、さらには平城京へも至近の位置にあった。

特に、瀬田川は琵琶湖周辺の山から伐り出した木材の集結してくる河川であり、いったん瀬田川に搬入された木材は、宇治川や巨椋池を経て、木津川へ搬入されて後は遡行して運ばれて、平城京などへ運び込まれていたことは周知のとおりである。恭仁宮と紫香楽宮の双方が、この木材運搬の一大ルート上に位置するという有利な立地条件を有していたからこそ、大量の用材を消費する宮の造営工事が短期間に実現したと考えてよいのではあるまいか。

さらに第三点として、恭仁宮と紫香楽宮の地形上の共通性をあげなければならない。宮を取り巻く地形が、見事なほどに類似しているのである。恭仁宮の場合は、宮の東と北と西を急峻な山地によって囲まれており、南側には木津川が東方から西に向かって流れている。その対岸には小盆地が広がり、恭仁京の左京の条坊地区が想定されている。これに対して、紫香楽宮の場合、宮の中心部と推定される宮町地区は、同様に東と北と西を急峻な山地によって囲まれ、かつ南側には東方から西流する隼人川が流れ、さらにその対岸には小盆地が展開している。要するに、両宮ともに東・北・西を山地で囲まれ、南の河川を隔てて平野が展開しているという共通項を有しているのである。

東アジア世界において、風水《ふうすい》思想や四神《ししん》の思想が、都市の建設などの面で、大きな影響を果たしたことは改めて言うまでもない。風水思想の内容は時代と地域によって異なるが、東・北・西の山と北の祖宗山に対して南側は平野へと開け、さらにそこには河川が流れ、これらによって囲まれている内部に良気の湧き出し充溢する穴とその南の明堂があって、その地点に重要な施設が置かれるべきであるとする点では、ほぼ共通している。以上のような観点から見ると、恭仁宮・紫香楽宮のいずれもが、見事なくらいに風水に相応する地形条件に満たされていることがわかる。両宮の造営時において、風水思想が重視されたという直接的な証拠をあげることはできないが、平城京や後の平安京が風水思想や四神の思想に適う条件を備えていたことなどを勘案すると、風水思想や四神思想が無視されたとは逆に考えがたい。むしろ都市というものはかくあるべきであるというわば常識によって支えられた選地の結果と解釈するのが妥当ではなかろうか。

風水思想において、四神をあまりにも重要視することは避けるべきである。四神とは本来はあくまでも大きな意味での風水思想の一部をなすものであったに過ぎず、点的なそれをあまりにも強調することは、意外な陥穽に落ち込む危険性をはらんでいる。しかし、あえて両宮の造営に際して、四神が意識されていた可能性も指摘しておきたい。すなわち、恭仁京の場合は、宮の中軸線でもある左京中軸線（足利健亮氏推定線）を北に延長すれば、その直線上の一㎞弱の地点に海《かい》住山寺《じゅせんじ》が位置している。一方、紫香楽宮においては、宮町遺跡における中軸線は現段階では確定していないが、推定東脇殿と西脇殿の中間の南北線を一応の基準と仮定すれば、その直線上に、新宮神社遺跡や史跡紫香楽宮跡が位置している。しかも、その線の北への延長、宮町遺跡中心部から約二㎞の地点には大納言と呼ばれる山頂がある。この大納言という山は二万五千分の一地形図では標高五八三・三ｍの三角点が記入されているが、五万分の一地形図ではそのやや北西寄り（二万五千分の一地形図の「電波・無線塔」付近）に標高五九六・一ｍの三角点が記入されており、後者の方が、想定中軸線により近い。この二地点、すなわち恭仁宮における海住山寺と紫香楽宮における大納言山または三角点が、両宮の造営に際して、基準点である玄武として意識されたことも、考慮の中に入れておく必要性もあろうかと思われるのである。

このような両宮の共通性は、きわめて多くのことを物語っていると言えるのではないか。恭仁京も紫香楽宮も、ごく短期間のうちに建設に着手され、そして放棄された。そのためにその選地や建設工事は、計画性の欠如や一貫した方針の欠落というイメージを伴って考えられることが多い。しかし、地理的条件における両地の見事なまでの共通性や四神相応という点などからすれば、その背景には明確な意思に基づく選択と周到な計画が存在していたと考えられるのである。

4 新羅と百済の都城

卒論で古代朝鮮式山城をあつかったこともあって、朝鮮半島へ行きたくてしかたがなかった。とはいえ、一九七〇年代は、自由に調査旅行ができるような情勢ではなかった。韓国の遺跡に関する本を読んだり、観光案内書を見たりして飢えをしのいでいたが、一九七九年になってようやくその機会が訪れた。初めての韓国旅行では、それまで本で抱いていたイメージとはずいぶん違う印象を受けた。ひとことで言えば、新羅や百済にはずいぶんと石造物が多いなあということであった。この感想は、一九九二年にじっくりと遺跡を探訪したことによって、衝撃的なものにまでなった。高度な技術によって作り上げられた石垣や石造物は、日本や中国には見られないと言ってよい。

1　新羅と百済

●安寧の国

アンニョンという言葉が、韓国語・朝鮮語で「こんにちは」などを意味する挨拶であることは、最近ではほとんどの人が知っている。しかし、一九七〇年代はそうではなかった。ハングル文字も日本では身近なものではなかった。アンニョンは漢字で書けば、安寧。しかし、このころの韓国は、少なくとも政治的には、必ずしも「安寧の国」とは言いがたい状況であった。軍事政権下の緊張感というイメージが、私にはあった。現地調査はおろか地図をもっていろんなところを自由に回るということに抵抗感もあった。とは言いながら、日本の古代都市や古代山城を研究し始めた私にしてみれば、ぜひとも実際に見て回りたいといういわば憧れの国でもあった。刊行されはじめた各種の史跡めぐりの本を見て、現地を訪問したいという焦燥感がわきあがってきていた。

ちょうどそんな時期に、水田義一氏から、和歌山大学地理学教室の巡検で韓国をまわるからという誘いがあって同行させてもらうことになった。一九六八年に卒論調査のため九州をまわって以来、一九七三年に壱岐、一九七八年に対馬、そしてようやく一九七九年に朝鮮半島へ足を踏みいれることができた。『魏志倭人伝』のコースの逆をたどったことになる。

季節は十月であった。釜山の金海空港に着陸、旅行社のバスに乗りこみ右側通行の暗い道路を走ってホテルに到着。はじめての韓国料理はオンドルの部屋でとったが、なんと一七品もの料理と濃い黄金色の清酒に感激した。食事のあとホテルの部屋で水田さんらとウイスキーを飲んでいたが、一二時になったとたんに、車の音がウソのようにかき消されてしまった。いわゆる夜間外出禁止令によるもの。準戦時体制下の緊張感を痛いばかりに感じた。

翌日、盆の帰省客でごったがえす釜山駅前を経て竜頭山公園へ行った。丘の上に立つプサンタワーに登った。晴れた日には対馬を望むことができるというが、残念ながらこの日は見ることができなかった。前年に対馬北端の山に登ったときもプサンは見えなかったが、両地点に立って、この海峡の狭さを実感することができた。ちなみに塔からの撮影は禁止されていた。

緑化運動の進む山や、セマウル運動による新築農家が続く京釜高速道路を北上。突然、中央分離帯の植木がなくなって全面アスファルトだけの道路が現れた。緊急時には滑走路になる部分でプサンとソウル間に四ヶ所設けられているとのこと、しかし道路脇に植えられたコスモスが美しい。いつ戦闘機が飛び立つかもしれないコスモス街道。しばらくして、待望の慶州に到着した。

●新羅の慶州

慶州は新羅の古都である。慶州には夜間通行禁止令が適用されていなかった。人口一二万人の市内で焼肉料理を食べたのち、古墳公園を訪れた。敷地面積三万八千坪の公園敷地に、数多くの古墳が残されている。典型的な積石塚である天馬塚をはじめ、本で見た古墳を実見することができた。しかし、一方で、どこかしら違和感があった。

実はこの古墳群の光景は、それまでにいろんな本で見ていただけではなく、第二次世界大戦前に撮影された写真の現物やスケッチを見ていたのである。

大学院の修士課程に入ってまもなく、藤岡謙二郎先生から「実は君にお願いがある。一週間に二日、梅原先生のお宅へ行ってくれないか」と言われた。梅原末治と言えば世界的な考古学者であって、もちろん私も膨大な業績の一部は読んでいた。すごい先生であると思っていたし、一度はお会いしたいなあとも思っていた。その一方で、怖い先生である藤岡先生から「今でも梅原先生から叱られている夢をみる」と、極端に怖い先生であることも聞かされていた。

五月初旬、京都・北白川の梅原先生のお宅に初めてうかがったときの緊張感は、いまだに鮮烈に覚えている。

その先生に、戦前の写真やスケッチなど生の資料を見せていただいていたのである。墳丘が藁葺きの民家の間に見え隠れしていた。「君、これが新羅の古墳や。それに比べると百済や高句麗はなあ……」と先生の話は止まるところを知らなかった。そのときの記憶と、実際に訪れた古墳公園とはあまりにも異なっていた。民家を強制徹去して造られた公園は、みごとに整備されてい

慶州半月城の石氷庫
古代日本にも氷室が造られたが、新羅の氷庫は立派な石造物である。

たのである。

次に訪れた半月城（新羅王宮）の石氷庫と、周囲にめぐらされた土石塁跡、慶州博物館、『三国史記』にも記載された吐含山城の遺構、中腹の石窟庵、さらに仏国寺。特に有影塔・無影塔をはじめとする精巧な石造物が印象的であった。ただしこの段階では、これらのものをひとまとめにして把握するというまでには至らなかった。このときから中国や朝鮮半島をめぐる旅をくりかえした結果、朝鮮半島は「石の文化」であるということに思い至ることになったのである。

翌朝、盆地の山麓にかかった朝靄《あさもや》と青い空をあとにして、織物業・リンゴ・美人で有名な大邱、秋風嶺、左方に大田を見て、やがて二車線の江南高速道路を走っているときにバスの車輪がパンクした。つい先刻スピード違反で停車させられたばかりであったが、おかげでコスモスに縁取られた水田の横に墓地を見ることができた。ハイウェイをはずれて論山市の市場の雑踏を見学、ポプラ並木を左右に見ながら扶余へ着いた。

●石塔の光景

この地は百済最後の都が置かれた地である。卒論で朝鮮式山城をテーマとした私にとって、扶蘇山城、青馬山城、羅城、白馬江、扶余三山、定林寺の百済塔（平済塔）などを、この眼で実見できたことは、折りしも降ってきた小雨もあってよりいっそう感動的であった。

この扶余の石塔については、その二年後に不思議な感覚にとらわれたことがある。それは日本の滋賀県において経験したことであった。

当時勤務していた滋賀大学の地理学教室の野外巡検で、蒲生町・永源寺町・竜王町（いずれも現東近江市）をまわったおりに、蒲生町の石塔寺にたちよった。長い石段を登りきったとき、眼に飛びこんできた三重石塔に、いわゆる既視感覚におちいった。

石塔寺を訪れたことは初めてである。にもかかわらず、この三重石塔を以前にどこかで見たことがあるという奇妙な心境に漂よったのちに思い浮かんできたのは、二年前に訪れた扶余の公園で見た石塔であった。この地は、一九四二〜四三年にかけて藤沢一夫氏によって発掘調査がなされ、中門・塔・金堂・講堂・食堂が一直線に南面して並んでいる伽藍配置が確認された。日本でいえば四天王寺式伽藍配置に相当するこの寺の名を定林寺という。公園にある石塔、高さは約八m、やや白味をおびた褐色の塔は、百済文化特有の丸みと暖かさを備えている。石塔の表面には、百済を滅亡させた唐の将軍によって戦勝記念としての「大唐平百済国碑銘」以下の文字が刻まれているので、平済塔もしくは百済塔と一般的には呼ばれている。銘文によって石塔が六六〇年以前に存在していたことは明らかで、百済時代のものであったことはまちがいない。百済の敵国で

扶余の平済塔
百済は唐と新羅によって滅ぼされた。百済文化は抹消されていったが、この石塔は残った。

滋賀県石塔寺の石塔

扶余の石塔とは形態が異なる。しかしその雰囲気は酷似している。肌触りまでもが共通しているように思った。

あった新羅は百済滅亡後、その文化財の大部分を破壊してしまったために、古代百済の文化財はごく少ししか残っていない。

この百済の平済塔と、蒲生町石塔寺の石塔が酷似しているのである。酷似しているとはいっても、その形はかなり異なる。定林寺の塔は五重であったのに対して、石塔寺の塔は三重である。しかも石塔寺の塔には後世の相輪もつけくわえられている。したがって、本来ならば酷似という表現はつかえるわけがないのである。にもかかわらず、完全に同じものと感じるほどに、その雰囲気やイメージが共通していた。高さ約八mの花崗岩でできた三重石塔は奈良時代前期の作と推定されており、まさしく百済文化を具現化したものにちがいない。百済から渡来してきた人達もしくはその子孫が、故地ではほろんでしまった百済の文化を復活させた古代百済世界そのものなのだという身のうちふるえるような感激に、ひたった。

なぜ、この地に百済文化が存在するのか。実は蒲生郡は古代朝鮮からの「渡来人」が数多く居住していた場所である。『日本書紀』天智天皇四（六六五）年春二月に「百済国の官位の階級を勘案ふ。なお左平福信の功を以て、鬼室集斯に小錦下を授く。其の本の位は達率なり。また百済の百姓男女四百余人を以て、近江国の神前郡に居く。」とある。さらに同八年には「また佐平余自信・佐平鬼室集斯等、男女七百余人を以て、近江国の蒲生郡に遷し居く。」とみえる。鬼室集斯は天智天皇二年に百済から日本に渡来し、近江朝廷の学頭職をつとめるなどわが国においても大いに重用された。彼は故国では一六品の官位のうち最高位の左平（佐平）（員数は五人）に次ぐ達率（三〇人）という位についていたが、日本においても盟邦の英雄の子として小錦下の位を授けられ、百済からの渡来人の居住地として神崎郡、後に蒲生郡を選んだというのが先の記事である。後の記事では佐平として記されているが、これは誤りであろう。鬼室集斯は朱鳥三（六八九）年に没したが、彼をまつるのが日野町小野にある鬼室神社で「鬼室集斯墓　朱鳥三年十一月八日没」

の銘のある宝珠柱石が存在している。

したがって蒲生郡に百済からの渡来人が居住していたことは、文献史料によっても裏づけることができる。ところが、蒲生郡の場合は百済系渡来人だけではなかったらしい。すなわち同じ『書紀』の垂仁天皇三年の条には、新羅の王の子である天日槍《あめのひぼこ》が近江国に住んだこと、近江国の鏡村の谷の陶人《すえびと》は天日槍の従人であること、などが記されているのである。もっとも時代的にみても伝承色が強いが、もし事実とすれば、この地域は先に新羅、後に百済の影響をうけていることになる。

竜王町の鏡山には滋賀県でも代表的な須恵器焼成用の登り窯群が存在し、その山麓には須恵という地名も残っている。さらに周辺部には綾戸・弓削（竜王町）、服部（守山市）、木部・兵主神社（中主町）、石部町等々の古代手工業に関連する可能性の強い地名も多数みられるのである。蒲生・神崎・野洲・愛知各郡における古代手工業関連地名の密度の高さは、近江はもちろんのこと全国的にみても有数のものである。古代の手工業のすべてが古代朝鮮から伝来したものとまでは言えないが、かの地からの渡来人が、それまでの日本には存在しなかった多くの先進的な文化や技術をもたらしたことは疑問の余地がない。都市計画も山城も須恵器も、そしてもろもろの文化も彼らによって伝えられたのである。

●羅城と山城

話を蒲生郡から二年前の百済の地に戻したい。

扶余の盆地がイメージしていたよりもはるかに開放的な広がりを持っていたのに対して、公州は地形図で感じていた以上に閉塞的な盆地であった。公州については軽部慈恩氏の研究があって私はすでに読んでいた。それによれば百済時代の都市は羅城によって囲まれていたという。この羅城をくわしく見てまわりたかったが時間的な制約もあって実現することはかなわなかった。ただ後になって知ったことであるが、百済時代の公州に羅城が建設されていたのか否かについては議論がある。一般的に言えば、軽部氏の説を否定する人が多いとのことである。なぜ軽部氏の説が低く評価されているのかについて、後にいく人もの人にたずねたことがあるが、納得のいく答えを得ることができないままに今日まできている。博物館をかいま見たのちに武寧王陵へも足を伸ばした。宿泊したホテルで、夜半、すごい雷鳴と稲妻を経験したが、翌朝になって落雷の被害があちこちであったことを知らされた。

晴れわたった朝。京釜高速を経て民俗観光村に到着した。ここには約七〇の民家が移築されており、李氏朝鮮時代の両班《ヤンパン》屋敷・郡役所・牢獄・農家・市場・焼き物の窯などを見学することができた。昼食はまた焼肉、レタスに肉や玉ネギをつつんで味噌をつけて食べた。このあと水原市へ向った。水原には町全体を囲む城壁が保存されているからである。現存する水原の城壁は李朝のもので、八達門と長安門を見るにとどまったが、市街地と市街西方の山頂部をも取りこんでいる壮大な都市の城壁が連続していることを確認することができた。古代朝鮮式山城は日本にも伝播したが、古代朝鮮中末期に中国から伝えられたとされる都市を囲む壁は、日本ではついに実現することはなかった。ところがこの地では古代以降、いわゆる都市壁が築かれ続けたのである。私にとって初めて見た都市壁であって、水原の城壁によって東アジアの都城に関するイメージが大きく変わったと言える。六年後に中国山西省の城壁都市平遥を訪れることができたが、私にとって日本では見られないこれらの城壁都市は重い存在となった。

ソウルでもいろいろの場所をまわったが、最も印象的であったのは南漢山城である。この山城は百済時代に構築されたもので、李朝時代まで山城としての機能を継続した。実際に明との戦いに使用されたこともある。もちろん南漢山城に関しては報告書などである程度の知識は持っていたが、ここでも実際に現地を見ることの大切さを痛感した。それは、山の中心部が盆地状の凹地になっていて、それを取りまく陵線に城壁が続いている。城壁に囲まれた盆地内部には水田も川もあるという事実であった。戦前の地形図でこのことは理解していたが、頭の中で描いていた状況とは大きく異なっていた。非常時にはかなり長期間の籠城も可能なのである。古代日本にも渡来人の指導によって朝鮮式山城が築かれたが、これほどの山城は存在しない。だから日本の古代朝鮮式山城は、完全なものではなく、不適切な表現かもしれないが、いわばうわべだけの山城で

南漢山城の城壁
十数年後、同じ場所に立った。ソウル郊外の景観は大きく変わっていた。

あったと言ってよいのかもしれない。

陵線まで登って李朝時代の城壁の上に立った。漢江の向こうにはソウル市街地が広がり、さらにその北には北漢山城も見える。ソウルも住宅難らしく郊外には高層マンションが林立する地区もあった。しかし十三年後に同じポイントから見たソウル周辺の景観の変貌には驚いた。漢江の南岸は一九七九年の時点では田園風景が広がっていたが、一九九二年にはほとんどの地区が新しい住宅地に変わっていたのである。

南漢山城をあとにして、宮殿などをまわってホテル。夕食後、数人で町へ出た。市場近くの小さな大衆的な居酒屋でマッカリを飲み、イカとキムチをつまんだが衝撃的に辛かった。口も舌も頭も眼もしびれるほどであった。

2　石の文化

●安寧の国ふたたび

一九七九年に、あこがれの朝鮮半島に足を踏みいれることができたが、先に書いたように当時の韓国は、安寧であるとは必ずしもいいがたいものであった。夜間には外出禁止令も実施されているという状態であった。しかしその後の韓国は大きく変貌し、この国をとりまく状況も大きく変化した。また私自身も、この十三年間で、少しは変わった。その後、中国の各地と朝鮮民主主義人民共和国をまわることもできた。したがって多少は、東アジアに対する視野もひろがりつつあった。このような段階で、中国の各地をまわってきた考古学研究者らと約二週間、韓国の遺跡をまわることになった。一九九二年のことである。

八月中旬、大阪空港は、台風十一号のために激しい雨が降っていた。あっというまに着いたソウルは曇り、気温は二十二℃とのことであるが、実際は暑かった。牛肉・ねぎ・麺の鍋の昼食をとったのち、文化財研究所を訪問し、所長の張慶浩氏、遺蹟調査室研究官の尹根一氏と会談して、国立博物館を見学した。この博物館の壮大さと大理石による内部の壮麗さには息を飲んだ。

数多くの展示物をすべて見ることはとうてい不可能であるから、熱心に駆け回っている団員とは離れて、展示物を見学する人達を見ていた。家族連れが多く、少年少女の熱心さに驚いた。ノートをとり、友人どうしで議論している。夏休みの宿題におわれているのかもしれないが、そのひたむきさは単にノルマとして課されたレポート作りの域を越えているように思えた。歴史好き、民族好き、民族意識の深さ、民族・歴史教育の熱心さなどがその根底にあるのかもしれず、同じような光景はこの旅の間にしばしば目撃することとなった。これに刺激されたわけでもないが、例の堀内さんにさそわれて、韓国の考古学叢書を五冊も買ってしまった。

●ソウルでのこと

「一八時三分コリアナホテル着。一八時五〇分ロビー集合。一九時発。Hotel President で尹氏と鉄板焼の会食をしたのちホテルに帰って、その後、キョーホー書店へ行った。」とだけ書いておけば、本当は無難なのである。しかし、実のところそういうわけにもいかない。

というのは、この調査旅行の準備段階として、なんどか研究会をもったが、そのおりに田中俊明氏から韓国の五千分の一地形図の入手が可能であること、その販売所がソウルにあること、パスポートの提示が必要であること、しかし在庫数が少ないので多人数でいってもそろわないであろうこと、などを教えてもらっていた。その話を聞いて、是非とも慶州についてだけでも入手したいと思っていた。しかし、団体旅行の中で販売所へ行く時間があるか、というより、少部数しか揃えられていない以上、団として行けば奪いあいになるというようなこともないではない。また大縮尺の地形図であるから、いろいろ微妙な問題があることも事実で、言葉は悪いができるだけ隠密裡に購入するにこしたことはない。

とまあ、さまざまな思惑があって、出発前から、限られたソウルでの時間をどのように利用するかということを考えてきた。そこで、飛行機の中で堀内さんに、「あのなあ、五千の地図のことやけどなあ」と問いかけてみた。すると「先生、僕も聞きました。それで作戦、練ってるんですけど」と言う。結局、ほかの団員には申し訳ないけれど、ソウル一日目のどこかで二人で「抜け駆け」をしようということになった。その「抜け駆け」を「一八時三分コリアナホテル着。一八時五〇分ロビー集合」の間に敢行したわけである。ホテルから地図販売所に走った。大体の場所しか聞いていなかったが、「チド（地図）、チド」と雑踏の中を走り回って、ようやくのことで購入することができた。ホテルへ戻った私は、汗びっしょり息もたえだえという状態であったが、若干の後ろめたさを感じつつも、心のなかでVサインをだしていた。この行動については、さすがにごく親しい人には翌朝白状してあやまった。「二人のエゴイスト爆走族」との異名をいただくことになってしまった。

翌日は晴れていた。景福宮を見学したのち、尹氏と文化財研究所の金娥官さんに二聖山城を案内していただくことになった。バスで二聖山城に向かった。南山のトンネルをぬけ漢江大橋、オリンピック道路、柳、白樺、オリンピック大橋、近代的なマンションを左右に見ながら一時間半で二聖山城山麓に着いた。南門推定地で判明した池の発掘現場で検討を加えるうちに、私は、本来の南門はこの池よりもさらに南にあるのではないか、もしそうだとすればかなり高句麗の影響を受けた山城であるといえるのではないかというようなことを考えていた。

ついで南漢山城へ向かった。犬、山羊、乳牛（ホルスタイン）、ハウス栽培、観葉植物栽培、ブドウ園、カボチャ畑、桃園、とうもろこし、ムクゲの花、カンナの花、多くのものが車窓を通り過ぎていった。南門から城壁に沿って歩いてソウル市街地を遠望した。十三年まえの景観とはずいぶん違う。ソウル市街地の拡大ぶりには目をみはるものがあり、オリンピックを開催したこの国の経済発展が如実に感じられた。

午後は、石村洞土城古墳群、風納里土城を見たのち、オリンピック公園に入り、夢村歴史館と夢村土城見学。さらに芳夷洞古墳群。交通マヒの道路横には、ボードセイリングやラジコン飛行機に興ずる人達、ペットショップも多い。川幅すべてに水が流れる漢江の対岸には、切りたった北漢山城とその周辺の山が東西につづいている。夕食は、大林亭で豪華な韓国料理を堪能した。ちなみに食卓に供されたものは、鯛、カルビ、刺身（ホヤ、アワビ、マグロ）、サザエの壷焼き、わたり蟹、焼き肉とシシトウ、もやしいためとアワビ、こんにゃく、豆腐、枝豆、サラダ、お好み焼き、のり、味噌汁、米飯、もちろんキムチ。クラウンビールと真露。米飯は日本と同様に粘り気がある。次から次へとテーブルに並べられる料理をかたづけていくのにおおわらわであった。

●城壁をめぐって

ソウルから南約四〇kmの水原へ向かう。牛の町、カルビのおいしい町、イチゴとブドウでも有名な町で、なによりも城壁が保存されているこの都市へは前記のように十三年前に行ったが、今回はかなり時間の余裕があった。約二〇〇年前に建設され、一九七〇年代に復原された五・五kmの城壁がある。長安門で城壁管理事務所の李華鎮氏が同乗、蒼龍門まで案内をしていただき、そののち、八達門、華虹門から蒼龍門、烽火《とぶひ》台（狼煙《のろし》台）などをまわった。水原は人口約六十万人もの大都市に成長しており、郊外には高層マンションが林立している。西将台、華西門を見て、焼き肉の昼食をとったのち、公州へ向かった。

国立公州博物館で崔鐘圭館長と会談ののち、見学。公州観光ホテル着。ホテル前の明学食堂で夕食、名物のサンゲタン料理を食べた。若鶏のお腹にもち米や高麗人参・なつめ・栗などなどを入れてまるごと煮たもので、少しかわいそうな気がするが荒塩をつけて食べればきわめて美味。食堂を出た時に、一粒二粒の雨が落ちてきた。夜の韓式の部屋で、いろいろの話に花が咲いた。

翌朝、またも公州国立博物館へ行ったのち、公山城南門から東門、光復楼、十二角形建物、高台、望楼、挽河楼（蓮池）、王宮址、西門などをまわった。挽河楼への下りが厳しく、団員の中に

水原の城壁と狼煙台
水原は典型的な城壁都市である。城門や水門が残り、狼煙台も保存されている。

は滑るものも多かった。その後、武寧王陵と大通寺址を見学して、扶余へ向かう。途中の柳並木が美しい。

沿道の並木が銀杏に変わると扶余市街地であった。昼食後、扶余国立博物館を見学したのち、扶余文化財研究所で学芸研究室長の金善泰氏より扶蘇山城発掘時のスライドによる説明をうけた。城壁をつくる際に、まず木材でブロック（部屋）をつくりその中に版築の土と石を入れこんでいくという工法が採用されていた事実に、深い興味を覚えた。

このころの私は、石の文化の朝鮮半島、土の文化の中国中原地帯、木の文化の日本というような把握のしかたをするようになっていた。しかし、このことを聞いて、木と石と土の複合体としての城壁という側面をもう一度考えなおさなければならないと痛感したわけである。

扶蘇山城を歩く。金氏の案内で、研究所の扶蘇山城発掘調査団のプレハブで遺物や発掘現場を見学し、落花岩の上に着いた。百済滅亡の時に、晴れ着の女官が身を投げる光景が、花が落ちるようであったという場所である。はるか下方に錦江（白馬江）が流れる。しばらくして下の船着き場に降り、観光船で百済大橋までの川下りを楽しんだ。この日から、三井扶余ユースホテルに滞在することになっているが、夜はホテル三階のビアガーデンで百済終焉の地の風に涼をとることになった。毎晩、ホテル前と横の広場で熱狂的なキャンプファイアーがおこなわれていた。

ソウルからわざわざ来てくださった尹氏が、扶余でも同行してくださるとのことで、ありがたかった。まず定林寺址でなつかしの石塔に会い、さらに一九九〇年と一九九一年に発掘調査された宮南池と軍守里廃寺を扶余博物館の金鐘萬氏の案内で見学。ついで東羅城の石垣を見せていただいたが、一九九一年の発掘によって、沼地のために木でまず基礎固めをしてから版築されていることが判明している。陵山里古墳群ののち、西羅城にまわったがこの西羅城は、羅城というよりも堤防と考えたほうがいいのかもしれないと思った。昨夜と同じ塔村食堂で肉・じゃがいも・なつめ・枝豆・ごぼう・栗などのまぜ御飯を食べたのち、聖興山城へ向かった。

この山城は、きつい登りであった。ハイピッチで登ったため、山頂にたどりついたときは、さすがに深い溜め息をついた。しかし、錦江の屈曲とはるかかなたの扶蘇山城を見たときには、こ

聖興山城の石垣
厳しい登山であったが、登ってよかった。たびたび修復された城壁が残り、ここからは扶蘇山城も見えた。

の山城の戦略的な優位性をあらためて実感、やっぱり来てよかったと思った。

感心したのは年配の女性バスガイドであった。彼女よりはるかに若い団員にとってさえ厳しい登山であったのに、彼女はついに山頂にまで登ってしまったのである。下山の時、感心したむねを述べると、「いえ、先生、私は若いときにピョンヤンから南に逃げてきたんです。たった一人で山を越えて必死に南まで歩いてきたんです。その時の苦しさや怖さを思えば、この山に登ることなど何でもありません」と言われる。終始、上品な笑顔をたやすことのない彼女のなかに秘められた過去、そして朝鮮民主主義人民共和国を訪問したことのある私に故郷の現状をたずねられるその表情、思わず涙しそうになった。

論山へも行った。キムチで有名な全羅北道の益山へ向かう。車窓には、青々とした水田が広がる。肥沃な忠清南道と全羅北道を通るにつれ、要するに豊かな地域は軍事的に弱く、反対に貧しく厳しい地域は軍事的に強くならざるをえなかったのではないか、ちょうど中国の江南が軍事力では弱体でありつづけたようにというようなことを考えていた。そのうちに、百済時代の仏像のある弥勒《みろく》山石仏寺をへて、弥勒寺址についた。扶余文化財研究所弥勒寺址発掘団の李蘭英さんから発掘調査の説明を受けたのちに見学。この地域は良質の花崗岩の産地として有名であり、日本にも輸出しているとのことで、朝鮮半島の石の文化の源泉にふれた思いがする。後日談になるが、帰国してから藤田和夫氏の『アルプス・ヒマラヤからの発想』（朝日新聞社、一九九二年）をあらためて読んだ。氏の「日本列島砂山論」を従来からの私の考えに当てはめて考察する必要を感じるようになった。

益山高等学校の朴洪洛氏によって、五金山城東側の金馬猪土城の南門付近を見てから、五金山城も踏査した。尹先生は蜂にさされ、橿考研の今尾氏は漆にかぶれた。下山後聞いたのだが、蜂や漆どころではない。蝮の巣として有名な山城であったという。聞けば日本に輸出していると言うではないか。ついで王宮里遺跡をおとずれ、ビビンバのおいしい黄登洞の真美食堂で昼食、論山インターから高速道路に入って儒城のホテルに到着した。

翌日、忠南大学校の成周鐸教授を訪問した。二〇年ほど前に成先生の大田付近の山城に関する論文を読んだこともあって、初対面という感じがしない。セミナー室で成教授より教示をいただき、質問にも答えていただいた。私も、『三国史記』に見える山城に関する質問をし、丁寧に教えてもらった。特に、教授の強調された百済文化における高句麗の影響の強さという考えには、山城のプランなどをはじめとして、この後の旅行中なんどかうなずくことになった。

三年山城を踏査した。みごとに残る城壁に心をうばわれているうちに予定時間は大幅にすぎてしまい、私などはこの団特有の遅刻罰金をとられてしまった。集合時刻に遅れるということは団員の貴重な時間を奪ってしまうことになる。したがって一分について日本円で百円程度の罰金を徴収し、それを貯めておいてコンパ代の一部にするという規則である。

八月二五日、起床すると大雨であった。この雨は終日つづき、肌寒かった。慶州文化財研究所を訪問し、高秀吉所長・申昌秀研究官との会談ののち、申氏の案内で慶州の遺跡を回ることになった。国立慶州博物館、雁鴨池、皇南洞古墳公園で天馬塚、慶州民俗村で新羅窯の作陶、東岳美術館で石窟庵模型を見学して、ホテルへ戻ったのは一四時四〇分である。雨のため写真撮影もままならない。残念だが本日は休養日にしようということになったわけである。ホテルの部屋で、朝鮮半島の山城についての思いをめぐらせていた。一般的には高句麗は包谷式、百済は鉢巻き式、新羅は折衷式というように考えられている。しかし、二聖山城や五金山城は、どちらかといえば包谷式である。中国の集安の丸都山城や平壌の大城山城とは規模の点で大きな隔たりがあるとはいうものの、そのプランにおいては共通するところが多い。いままで想像していた以上に、百済文化におよぼした高句麗の影響は強いのではないか。

夜、ミーティングをおこなったのち、例によってホテルの部屋で何人かが集まって飲んでいた。偶然つけたテレビで「壬辰倭乱」(日本からいえば文禄・慶長の役)の特別番組をやっていた。今年は、この事件から四百年目に当たるのである。日本軍の暴虐ぶりがあますことなく描かれ、それに対して英雄李舜臣将軍が立つ。この番組は三日間のシリーズであり、私たちは固唾を飲んで見入ることになった。日中、このテレビのことを思い出すと、韓国の人の私たちにむける視線がことのほか厳しいように思えてならなかった。

●石、また石の遺跡

皇龍寺址の発掘現場へ行った。この寺は六世紀に建立、蒙古の侵入によって完全に焼失したと伝えられるものであるが、寺域の東側にある王京遺跡も発掘中で、道路遺構などからかつての条坊地割が復原されつつある。新羅の都城プランを研究するうえできわめて重要な遺跡である。新羅の慶州については従来から条坊制に関する議論があっていまだに決着がついていない。先にソウルでの地図購入のことを書いたが、その行動もいつかは慶州について検討してみたいという心づもりの上でのことである。

慶州の石仏

慶州ではたくさんの石造物を見た。頭の中いっぱいに石造物が詰まったような気がした。石頭になったと言えば笑われるだろうなあ。

つづいて雨の中を芬皇寺、城東里遺跡、瞻星《たんせい》台、鶏林、奈忽王陵をへて、月城。君子園で食べた石鍋のビビンバの味もさることながら子供を抱いた若奥さんの笑顔が印象的であった。

その日の午後も、ひらすら遺跡巡り。興輪寺、路西洞古墳公園（金冠塚）・路東洞古墳公園（金鈴塚）、南山里三重石塔、仏無寺の上の南山塔谷磨崖仏、菩提寺の南山弥勒谷石仏、九黄里（皇福寺址）三重石塔、解脱王陵、栢栗寺の掘仏寺跡四面石仏、金痩信陵、最後に明活山城。

翌日も、遺跡を歩いた。遺跡名をあげるだけでも、四王寺址、神文王陵、望徳寺址、陵旨塔、善徳王陵、普門寺址、真平王陵、武烈王陵、西岳里古墳軍、西岳寺三重石塔、真興・真智・文聖・憲安王陵、西岳里石枕塚、拝里石仏立像、鮑石亭などなど。畦道を歩き、草むらをかきわけ、蒸し暑さの中をこの日も必死になって歩きつづけた。私など、畦道から水田のなかに足をすべらせてしまった。しかし転んでもただでは起きない。この時に、韓国の水田の畦が日本とくらべるとずいぶん狭いこと、これは稲株を密植していることと関連すること、そして稲株の高さも日本よりははるかに高いこと、したがって畦も高いことなどを実感として味わった。

それにしても、この日はよく歩いた。連日、一〇数㎞は歩いているが、林博通氏の万歩計によれば、この日一日で、二〇㎞は歩いたという。どれだけジュースやスプライトを飲んだことか。飲んでも飲んでもすぐに蒸発してしまう。「人間蒸発機」になってしまったような日であった。

ところが、夜、テレビを見ていると、あぶないところであった。というのは、私たちの通ってきた地域は大雨にやられているという。特に京畿道では二〇〇㎜もの雨が降り、各地で洪水の被害、漢江の水位もかなりあがっているらしい。一昨日と昨日の雨が北西へ行ったのであろう。後述することになるが、前年の牡丹江の洪水を思い出した。

すでに慶州の滞在五日目になった。通常の日本人観光客は、慶州でもせいぜい一、二泊するだけである。ところが、私たちはなんと五泊もすることになっている。したがって、当初はホテルの宝石店の店員から「日本の先生方でしょ。キョンジュに五泊もされる日本人はめずらしいですよ。だからサービスします。アメジストなどたくさんありますから見てください」と声をかけられることが多かった。しかし、私たちは、連日、朝早くからロビーに集合し、一日中どこかをほっつき歩いて夕方暗くなってから泥だらけになって帰ってくる。このホテルは超高級というわけでもないが、なかなかのホテルなのである。だからほかの宿泊客はきれいな服を着ている。私たちは、あきらかに異質な客である。しかも、安い品物を買いはするものの高価なものを買うものはほとんどいない、食事もホテルでとらずに街の食堂ですませてくる。要するに、リッチとはほど遠い宿泊客であることがしだいに判明してきた。したがって、店員さんからかかる声は、日に日に間遠になっていった。けっして嫌われているという雰囲気ではなかったのであるが。

こりずに遺跡をまわっている。連日の遺跡巡りで、私の頭の中は混乱してきた。寺院址の礎石と幢竿《どうかん》支柱、古墳の墳丘をとりまく石材、山城の石の城壁、石仏、石塔。どこへいっても花崗岩ばかりに攻められている感じがしてくる。帰国してから写真の整理をしたが、極端なことを言えば、どの写真にも石がうつっている。もちろんメモをとっていたから照合すればどの遺跡であるかはわかるが、ちょっと油断すると別の遺跡と混同してしまうということになった。しかし遺跡が存在する以上しかたがない。歩いて、見て、写真を撮って、メモをして、バスに乗っての繰り返しであった。

中国での遺跡巡りは、遺跡と遺跡の間の移動に時間がかかるのが通例である。それゆえ中国をまわっているときは移動時間が惜しいと思うことが多かった。それなのにこの地では、移動時間に息を整えるということが許されない。晴れた雁鴨池、日精橋、財買井、吐含山石窟庵、仏国寺。

韓国のお好み焼きを食べてすぐに、九政里方形墳、掛陵、関門城、千軍里廃寺三重石塔。夜は、慶州文化財研究所の招待で街中の元豊食堂で夕食会。高所長や前所長で現ソウル文化財研究所遺構調査研究室長の趙由典氏、ほかに研究所の所員の人達。真露による乾杯の連続は、中国における白酒の乾杯に匹敵する。

その翌日も、祇林寺を訪れたのち、十五分ほどで咸恩寺址に到着。ここにも三重の石塔があり、金堂の下には日本の攻撃にそなえるべく龍になって大王岩にひそんでいる文武王が龍の姿のままで隠れるための穴があるという。ここからすぐの所に、海がある。越えればそこは日本。海岸に立てば、目の前に大王陵が見える。夏のさかりには海水浴客でにぎわう浜辺であるらしいが、八月の末ともなれば人影は少ない。咸恩寺址にもどって持参の海苔巻きを食べた。ちょっとしたハイキング気分である。木立ちにふきよせる風がこころよい。

洛東江を渡って晋州に着いた。すぐに晋州城を見学、この城には壬辰倭乱のときに日本の乱暴な武将を道連れにして河に身投げをした義妓ノムゲを祭っている祠がある。先日のテレビ番組を思い出して、なんとなく下をむいて歩くことになった。東邦観光ホテルで夕食ののち、街のビアホールで生ビールを飲み、街を散策した。河原のアベック、夜釣りを楽しむ人達。日本の夏とおなじである。

翌朝、晋州城のなかにある晋州国立博物館を見学した。この時の金館長の話は、きわめて示唆に富むものであった。すなわち、金館長は、百済は公州から扶余へ移る三、四〇年前から扶余への移転を計画・準備していたのではないかという説を唱えられた。瓦の出土状況からもそのことがうかがえ、武寧王陵の磚を焼いた窯が扶余にあることもその証拠となりうるというのである。私もまた、本来は扶余のほうが公州より広大で生産力に富んでいる、このことを考慮にいれれば、扶余のほうが王城の地としてははるかに理想的であると思った。いずれにせよ、扶余への移転が前もって周到に準備されていたとすれば、百済史の末期をもう少しちがった視点から考えなおすことが必要となってくるであろう。

慶尚大学校の博物館を見学したのち、朴升圭氏の案内で玉峰古墳群六号墳を見て、晋州を離れた。釜山への途中、咸安山城・末里古墳群・金海貝塚を踏査。釜山観光ホテルに投宿したのち橋を渡って影島西岸の食堂でプルコギによる打ち上げ宴会をした。いわば型破りの私たちの団に二週間付き合ってくださったバスガイドさんの労をねぎらう会でもあった。彼女は、お世辞ぬきで本当に立派な人であった。平壌からの逃避行の話を聞いたあと、なんどとなく話をする機会があったが、そのたびにこの初老の女性の中に秘められた優しさと強さに頭のさがる思いがした。

夕食後、街へ出た。雑踏の中を歩き、ビアホールで生ビールを飲み、いろいろの店にはいっているうちに、ビールの酔いもてつだってか、ふと大阪の繁華街をぶらついているような感覚におちいってしまった。

翌日、大阪におりたったとき、まだ韓国にいるような感じであった。結局は、同じではないかと思った。帰宅して、家族といろいろ話をしていると、次女が「韓国のコインって、表と裏の上下が逆になってるのね」と言う。「えっ、日本のお金は?」と言うと、「日本のは、上下いっしょよ」と言う。この時まで、そんなことを意識したことがなかった。意識していろんなものを観察してきたつもりであるが、見落としているものが多いなあと思った。まだまだ見ていないもの、知らないことが多すぎる。

●石と山城の地域

このような旅を経て、そのときどきの印象が、おぼろげながらまとまった姿をなしてきたように思える。慶州には日本で見慣れたような、それでいてどこか異なるようなイメージがあった。天馬塚も半月城の土石塁と周濠と石氷庫も、日本のものとの類似は確かにあるが、違和感を完全に拭い去ることはできなかった。また仏国寺の石段や有影塔・無影塔の組木細工のような精巧さも日本には存在しないものであった。これらは、地震の少なさと石材の豊富さ、逆に言えば木材の希少さがその背後に潜んでいると思う。新羅はまさに石の文化の地域なのである。同様に、百済も石の文化ではあるが、その様相は根本的に異なるものであった。新羅の石造物にくらべると百済のそれははるかに柔らかいものであって、一口に石の文化圏とは言っても地域性を忘れてはならない。この印象は、高句麗の遺跡を考慮に入れるとよりいっそう強い確信となった。

白馬江が予想していたよりも大河であったためか、扶余の都城は広々とした感じをうけたが、これにくらべると公州の都城は閉塞的である。しかしともに山城と羅城のセットである点では共通している。ただし扶蘇山城も公山城も標高や比高からすれば、ともに低い山城であって、純粋の軍事施設というよりは宮殿地区としての意味合いが強いと考えてよい。対して、水原における市街地と東西の山を取りこんだ李朝時代の壮大な城壁と城門は、日本には類のないものであることは間違いがない。しかし、水原の城壁を見ると、山城と都市を囲む羅城は、扶余や公州のように本来は独立したものであったが、いつの時期かに統合された可能性が強いのではないかと思われる。さらに南漢山城の山の中心部が盆地状の凹地になっていることも、古代日本の山城とは決定的に違う点であった。これにくらべると日本の山城は単に山頂部を石垣や土塁で取り囲んだにすぎないと言ってよい。

ようするに、古代日本においては、朝鮮半島の山城を模倣した山城的な施設はたしかに実現した。しかし山城の本家ともいえる朝鮮半島の山城は、純軍事的な峻険な山城があるいっぽうで、城内に平地を有する大規模な山城も構築されたし、宮殿地区として使われる近世日本でいうところの平山城的なものも建設されていた。きわめて多様な山城が存在したことになる。しかも朝鮮半島ではこれらの多様な山城は、都市全体を囲い込む羅城とセットになっていくという事実も認められる。おそらくはこれらの都市壁の実現には、中国の都市全体を囲む城壁の影響を考えてもよいのではなかろうか。

5 中国の都城

はじめて中国の地を踏んだのは一九八三年である。このときには江南の遺跡をまわり、その二年後には山東と山西地方の遺跡をまわった。いずれの旅も強烈な印象の連続であった。中国には日本には存在しない都市全体を囲む城壁が築かれていた。しかもそれは重厚な「土」の壁であった。中国の都市や朝鮮半島の都市が城壁によって囲い込まれていることは知っていたが、これほどの大規模な「土」と「石」の壁が存在していたとまでは思わなかった。日本とのある種の共通性のある華中と、日本とは根本的に異なる風土をもつ華北を実感した旅でもあった。この二度の経験を通じて、古代日本の都城の源流を、中国の中原地帯にのみ求めていいものだろうかという疑問も浮かんできた。

1　江南の都城

●はじめての中国

第1章で書いたが、小学生のときから中国へ行きたいと思い続けてきた。五年生のときに「いままで習った地方のなかで心に強く残っているところへ手紙を出して、学習したことと事実を確かめ、いっそう深く各地のくらしぶりを知ろう」という谷山先生の呼びかけに応じて、まず日本の房総半島南端の漁村の小学校へ手紙を出した。その小学校から大部の手紙と写真が届いた。手紙の内容は記憶していないが、漁村の光景や漁の実態をうつした写真は、いまでも脳裏に残っている。

それに感激した私は、中国へも手紙を出したいと思った。何人かの友人と相談して先生に言ったところ、まだ中国との国交が回復していないから困難であろうが、日中友好協会にも相談してみると言ってくださった。はりきって北京の小学校に原稿用紙十枚以上の手紙を書いた。長安を手本とした平城京のあった奈良市に住んでいること、戦争のこと、そして少年の私たちはもう決して戦争しないようにしましょうなどと書いて、手紙をうけとることを楽しみにし続けた。しかし先生の努力にもかかわらず返事が届くことはなかった。そのとき、大きくなったら中国へ行きたいとの思いがこみあげてきた。

少年時代からの夢が実現したのは、一九八三年、私はすでに三〇歳代後半になっていた。先にも記したように「中国都城制研究学術友好訪中団」の一員として中国民航で上海に着陸したのが、はじめての中国上陸であった。

上海の街の第一印象は衝撃的であったと言ってよい。道路には人と自転車があふれ、龍華寺や玉仏禅寺や豫園も、日本とは決定的に異なるものであった。公園ではいささか親密すぎるようなアベックもたくさん見たし、上海雑技団のレベルの高さも予想以上のものであった。

衝撃の上海から杭州へ向かう火車（汽車）の車窓から、いろんなものを見た。水路、四手網、遊水地、新旧の農家、泥土、工場、水田、帆船、井堰、堆肥の山、水稲、野菜畑、さつまいも、桑、がま、麻、綿、柳、ひのき、さといも、大豆、ごま、そば、たかきび、桐、アカシヤ、水牛。

杭州は、南宋の事実上の都であったが、金に追われてやむなくここに都をおいたもので、南宋の人たちはいずれ開封城などのある北へ帰るという気持ちを持ち続けた。あくまでも仮の都であるという認識が強く、そのためもあってこの都城は中国の都城の変遷史の中でもきわめて変則的な構造を呈している。南北に細長く、かつ屈曲を有していて、その南部には鳳凰山をとりこんで東麓に皇城や宮城をおき、その北門から北方に向けてメインストリートが延びるという形態をもっている。城の内外には網の目のように運河がめぐらされ、その運河には多くの橋がかけられている。しかもこれらの橋は、アーチ型であって、橋の下を船が通航しやすいようになっている。まさに「南船北馬」の南船の世界でもある。

この杭州は、江南の豊かな物産の交易都市、商業都市として知られたし、また西湖がある。その西湖に蘇堤や白堤が横たわり、保淑塔が西湖に映える。銭塘江の岸には六和塔がそびえている。蘇堤は宋の蘇軾（東坡）、白堤は唐の白居易（楽天）が築いたものといわれるが、自然と調和した杭州の秀麗さは、多くの文人に愛され広く喧伝された。

保淑塔から西湖を見たのちに、かつて城門のあった慶春門跡に行った。コオロギを戦わせることに興じている人を見ながら、濠のほとりに立った。この杭州は都城の拡張によって次第に東へ広がっていったが、南北三本の水路がある。慶春門跡はそのうちの最も新しい東の外濠である。水量豊かな濠を見ているうちに、これが江南なんだと思った。

その後、銭塘江、霊隠寺、岳飛の廟、博物館などいろんなところを回った。どこでも強烈な印象をうけたが、なかでも市街地南郊の呉山で見た石垣が興味深かった。この山の一部にはあたかも城壁のような石垣が残されている。山麓に王宮のあったことを考えると、どうも避難用の山城ではないかと思う。三時期にわたって修復されているようで、このときには古代日本と同様に都城には背後の山に山城を築くということが中国でも一般的であったのかもしれないと考えた。しかしこの想定は、その後の中国の旅を経験するにつれて速断であったことを知るようになる。

杭州の慶春門跡

かつての城門は存在しない。しかし濠に城門の敷地が張り出していて、その概要を把握することはできる。

●蘇州と揚州

杭州のつぎに訪れたのは蘇州である。雨の虎丘で傾いた塔を見てから、有名な寒山寺に行った。漢文で「月落ち烏鳴いて霜天に満つ」の詩を習うため、日本人観光客が多い寺である。中国の旅行社の通訳は「日本人の寒山寺」といい「来てみれば　さほどでもなし　寒山寺」と言う。それでも父から依頼されていた例の漢詩の掛軸を買った私を見て、かの通訳氏、「軸買えば　金がなくなる　寒山寺」とひやかした。驚いたのは寺の前のアーチ型の江村橋の下をくぐっていく二〇艘もつないだ輸送船である。杭州から北京まで一ヶ月もの旅路であるという。

蘇州の博物館に、地理図と平江図があることは知らなかった。とくに宋代の平江図は詳細な都市図であって、方格の道路網は当然のこととして、三五九の橋や六箇所の城門、さらに水路網も描かれている。この図を現在の詳細な地図の上で復原・比較検討してみればおもしろいだろうと思ったが、いまだに果たしていない。

蘇州では、蓮の花が咲く拙政園、北寺塔、双塔などを回ったが、最も印象的であったのは盤門である。明・清代に修築されたものであるが、原形はそれ以前のもので、石積みの城門の見事な設備や城内に水を取り入れている構造に感嘆した。しかも城外にかけられた橋は船が通りやすいようにアーチ型になっており、その橋の中央部は自転車をおして通行できるように改善されている。夢中でシャッターをきり、簡単なスケッチをし、ふと眼を上げると夕陽に照らされた瑞光塔が東北方向に浮かんでいた。盤門からホテルまで町の小路をめぐりつつ歩いた。白壁と黒灰色の薄い瓦の屋根。屋根には瓦流草がはえ、白壁の下には水路が通っていた。美しい街だなあと思った。

そして鎮江。金山禅寺で唐代の礎石などを見たのちに、長江の中洲である焦山へ渡った。島には定慧寺やアヘン戦争のときの砲台もある。この島の最高所へあがって長江の流れを満喫した。黄濁した水をカメラにおさめて鎮江の石畳の道を歩いた。千年古街の急傾斜の石畳の道は、もし石畳でなかったら、たちまちのうちに崩壊してしまうであろうというような道であった。後年、琉球の首里城下町の金城地区の石畳を歩いているときに、ふとこの古道のことを思い出した。

鎮江に宿泊した翌日、鎮江の外濠と城壁跡を見てから、船に乗った。長江を渡ってから南宋時

蘇州の城壁

かつての城壁をくりぬいて民家にしている。さすが土の文化である。

蘇州の盤門

盤門に通じる橋はアーチ型であった。都城を囲む濠は、舟運に利用される運河でもある。

代に掘られた新開京杭大運河を北上して揚州へ行くのである。船上からひたすら長江の水に視線を漂わせた。やがて水の濁りが少なくなったところが長江と大運河の水位を調節するための新運河水門であった。この水門は閘門《こうもん》式運河となっていて、まず長江側の水門が開けられて船が中に入る。そののち後方の水門が閉ざされ、しばらくしてから前方の運河側の水門が開かれた。季節によって長江と運河との水位差は異なるらしいが、このときには運河側の水門が開けられると船は一m近くも上昇した。運河の水位のほうが高かったわけである。

二時間あまりの船旅ののちに揚州大橋で下船、さっそく博物館を訪問、明十三陵の特別展と新発見のミイラ展示のためにものすごい人だかりであった。揚州の玉器廠や漆器廠を見学した後、躍進橋や除凝門橋などで外濠と城壁跡を観察した。この日、極端に暑かった。

翌日は眼がくらむほどの快晴であった。鑑真和上の大明寺で、唐招提寺から贈られた和上の像の前に立ったとき、少年時代から和上のことを好きであった私は、あやうく涙を流しそうになった。本当は、ちょっと泣いた。

そのあとで揚州の唐代の城壁跡へ行った。揚州には、唐、宋、元、明、清代の城壁が断片的に残っているが、主として唐代の城壁をまわった。博物館の蒋華先生の案内で、羅城、内城、外城、東城をまわった。唐代の城壁が、土をむきだしたまま残っている。しかもそこには、勝手に土を取ることは厳禁という表示がされていた。この表示があるということは、無断で採取する人がい

揚州の城壁

唐代の城壁も土である。土をとってはいけないという表示板が印象的であった。

るということであろう。日本で言えば、奈良時代の城壁が残っているとすれば、厳重に保存策が講じられているはずである。中国にとって唐代などは、とりたてて保存するほどの時代ではないのかもしれないということを感じた。実はこのことは、二年後に山東・山西をまわったときに改めて認識することとなった。

揚州の城壁を見たあと、痩西湖のほとりを歩いた。湖畔には柳が植えられていて、強い日ざしに疲れた眼を休ませてくれた。池のありようや湖畔の植生を見ていると、ふと奈良の猿沢池や鷺池のほとりを歩いているような錯覚におちいった。「奈良と同じやなあ」とつぶやいた私の横を歩いておられた岸俊男先生から、「高橋君、そろそろ帰りたくなったんか。奥さんの顔、見たくなったのやろ」とひやかされた。

他の団員は、岸先生には緊張してお話をするという雰囲気があった。先生の言葉に対して、「いやいや、先生、僕も地理学者のはしくれとして植生と風土を観察してるんですよ。ほら百日紅《さるすべり》もあるし、江南と日本の共通性を実感して、いろいろこれでも研究してるつもりです。妻のこと考えてるなんて、それは誤解、誤解ですよ」と答えてしまったので、横で聞いていた団員は、さぞかし無礼な人物であるとあきれたであろう。

それはともかくとして、先生も、私と同じことを実感しておられたらしい。「そうやな、たしかに奈良と似ているな。日本の都城の源流を考えるとき、どうしても中国の中原を連想してしまうけど、江南の都城の影響をもっと積極的に考えんといかんなあ」と言われた。実はこのときのやりとりはその後も私の胸に深く残ることになった。すなわち、江南の都城で見た城壁や城門と、それを取り囲んでいる河川と周濠は、いずれも豊かで完全なものである。

たしかに「水」で囲むという点からすれば、日本の古代都市は、江南の影響を強くうけているといってよいであろう。湿潤な風土と灌漑《かんがい》を不可欠とする水田農耕などの共通項を考えれば、両者の共通性は当然の帰結であると言ってよい。しかし、江南の都城を囲むものは、豊富な「水」と重厚な「壁」の両者である。日本の場合は、ごく一部的で影の薄い「壁」しか存在しなかったし、「水」にしてもはるかに小規模の川で都市の一部を画するものでしかなかった。ちなみに言えば、日本の河川が小規模であることについては、これより数年後、中国黒龍江省で身をもって味わうことになるが、後述することにしたい。

●南京の城壁と城門

揚州から南京まではバスで移動した。ロバ、水牛、墳墓、二期作や三期作の水稲も見た。日本の琵琶湖固有であるとされるエリに似た漁法があることも車窓からかいま見た。長い直線の道であった。中国や朝鮮半島で旅をしているときには、乗り物の中で居眠りをすることはほとんどない。せっかく旅をしているのだからもったいない、見るものすべてを写真に撮り、メモしておこうと思うからである。しかし、このバスの中では不覚にもうつらうつらとしてしまった。ふと眼が覚めると、長江にかかる南京長江大橋の豪快な風景が展開していた。

南京ではまず博物館で著名な紀仲慶先生らと会談してから、紀先生の案内で、明孝陵に行った。かつてはこの陵墓地区も約一〇㎞の塀に囲まれていたという。朱元璋の墓であることは言うまでもないが、多量の神像の並ぶ道を行けども行けども陵墓には着かない。気の遠くなるほどの規模に圧倒され、ついで霊谷寺、中山陵、中山門、明故宮遺跡をまわった。

南京の中華門の壮大さは、それまで抱いていた城門のイメージを根底からくつがえすものであった。三重の城門があり、それぞれが厳重な防御施設となっている。使用されている塼《せん》（大型

南京の石頭城
バラックが集中している地区を通り抜けると、紅砂岩を削った城壁に出会った。

の煉瓦、本来は土へんの字）は五省一二五県から集められたという。長江の旧氾濫原上に建てられたバラック群の地区をすりぬけて石頭城の城壁へも行った。紅砂岩からなる地山を削った城壁で、一部には磚も貼り付けられている。この日、玄武湖公園から紫金山や明代の城壁を遠望し、台城跡、省政府内の天王府跡、西花園、鼓楼、清涼山公園。市街の雑踏では、どこからか厳しい視線を感じることもあって、やはり南京虐殺のことを考えざるを得なかった。

2　山東・山西の都城

●日航機事故のあとで

一九八三年の中国旅行のときには、一週間目くらいから、もう中国料理はかんべんしてほしいと思った。最初はおいしく食べていたし、これが本場の味なんだと感激もしていたが、暑さの中での中国料理連続は、さすがにきつくなってきた。帰国するころには、しばらく中国旅行は遠慮しておこうと思っていた。ところが料理のにおいがぬけるころになると、早くもまた中国へ行きたいなあと思いはじめた。

月日の経つのは早い。二年が過ぎ去り、一九八五年八月、再び中国民航機の座席にいた。第三次の中国都城制研究学術友好訪中団の一員としてであった。団長は前回と同じく岸俊男先生である。

この旅行に出る直前に日航機の大事故があった。そのために我が家ではちょっとしたいざこざがあった。次女が「お父さん、中国へまた行くんでしょ。今度は飛行機ではなく電車やバスで行ってね」と言うのである。地図帳を広げて、飛行機でなくてはだめであることを説明したが、それじゃ船にしてと言う。

このようなことは多くの団員の家でもあったらしい。空港にとまっている飛行機の垂直尾翼に視線が向き、いつもなら聞き流している救命具の説明を機内の全員が固唾を飲んで聞いていた。上海でいったん降りた飛行機に再搭乗して北京に向かったが、突然、機内に真っ白の空気が満ち溢れた。すわ故障かと胸を冷やした。

●風土と植生

台風が過ぎたあとの北京は二四℃、快晴であった。北京から九時一〇分発の列車で済南へ向かう。車中から見る華北の景観に、私は必死に眼をこらしていた。多くの物が車窓に現われ、そして消えて行く。しかし米は見えない。

前回の江南の旅でも多くの植物を見た。水稲・野菜・サツマイモ・桑・がま・麻・綿・柳・ひのき・さといも・大豆・ごま・たかきび・そば・桐・アカシヤ・銀杏など。蓮の花も咲いていたし百日紅の木もあった。それに対して今回の黄土地帯の旅で見た植物は相当に異なる。北京では松・楊・ポプラ・アカシヤ・白樺・カンナ・バラ、リンゴや梨も見た。北京から済南への車窓からは、トウモロコシ・小麦・麻・コウリャン・ごま・綿・そば・ひまわり・あわ・ひえ・ポプラ・アカシヤ・楊が一面に広がっていた。しかし木の種類は少なく針葉樹はほとんど見られなかった。ついでながら言えば、鉄道の沿線にはほとんど絶えることなく並木が続いている。沿線の写真を撮るには都合が悪いことに泣かされたが、どうも鉄道の西側に並木の密度が高いように思えた。あるいは西方からの黄砂を防ぐための防砂・防風林であるのかもしれない。

博山から新泰へいたる山の中では、トウモロコシ・コウリャン・リンゴ。太原郊外では見渡す限りのひまわり畑を見たし、五台山ではひまわり・麻・なつめ・コウリャン・トウモロコシ。

一般的な地理教育では、中国東北地方の大平原はコウリャン・大豆・トウモロコシ・あわ、河北平野は小麦・大豆・トウモロコシ・綿、山東丘陵付近では綿・落花生などの経済作物や果樹園が卓越し、准河を南に越えると、それまでの畑であった農地が、水田に一転すると言われる。この明確な線こそ、「南船北馬」の境界線でもある。この点にこそ、河北・山東・山西に対する江南の豊かさが表現されているのであり、「日本は、より江南に近い」との印象にもつながる。

しかしそれにしても、北と南を問わず、中国における農地区画の大きさ、植生の単元の広さは、日本の小規模なそれを見慣れている私には途方もないものに映った。中国の植生を「農業と自然」と表現するならば、日本のそのありようは「園芸と箱庭」であると言わざるを得ない。

●山が見えない

北京から済南へ向かう列車の中で、強烈に感じたことがある。食堂車で昼食をとったのちのことであった。午後一時半ごろ、ふと今朝から山らしい山を見ていないことに気づいた。いくら車窓の風景を思いかえしても山を見たという記憶がない。北京を出発して四時間ほども山のないところを通過してきたことになる。この状況は、それ以後、黄河を渡る午後五時半ころまで続いた。八時間もの列車での移動の間、山を見なかった。というより山が存在しない。衝撃的であった。この地域の学校の先生は、生徒たちにいったいどうやって「山」という概念を教えるのであろうか。この平原の民のうち、山を見ることなく一生を終える人は圧倒的に多いのではないか。山がこれほど希有な存在であるからこそ、中国では伝統的に深山幽谷の絵が描かれたのではないか。

華北平原はその面積が三一万平方㎞と言われる。この大平原のうちで、山は済南の東南方面の東西南北二〇〇～三〇〇㎞の範囲に広がっているに過ぎない。いっぽう、日本の面積は約三八万平方㎞。華北平原には、なんと日本の総面積の四分の三以上もの、山の存在しない地平が開けているのである。日本において八時間もの列車の旅の間、山を見ないということはありえない。それどころか北海道や関東平野の一部を除けば、山が視界に入らない地点を探すことさえ困難である。

この違いは、彼我の決定的な違いであると言ってよいのではないか。日本の都城では、山を生かした都城プランが通常である。朝鮮半島の都城の場合は、山城を不可欠なものとしている。対して中国のこの地域では、都城プランに山を生かそうにも山そのものが存在しない。

もっと言えば、山に対する信仰や憧憬の密度や濃淡、山の見える都城と見えない都城、都市計画の際の基準としての山の有無、山から出てくる河川の規模の相違、水に関する発想の相違、大地についての概念の差などに大きな影響を与えてきたことが想定できる。このあたりに中国と日本の都城の違いを解く鍵が潜んでいるように思えた。それゆえにこそ、たとえば北京などでは人工の山が都城プランの重要な要素として築かれたのではないかと思った。

ともかくも、山東の山並みを見たときに感じた親近感は、まぎれもなく見慣れた空間の中に入っていくというものであった。午後六時前に済南駅に着いた。長い行程であったにもかかわらず、瞬く間のような気がする列車行であった。宿舎は新築まもない斉魯賓館という近代的ホテルであった。

●黄土地帯と土の城壁

山東省ではいろいろの都城遺跡をまわった。山東大学の考古学教室のスタッフとの交流会と遺物の参観ののち、まず蒲家《ほか》村へ行った。ここは『聊斎志異《りょうさいしい》』の作者蒲松齢《ほしょうれい》の生地である。学生時代に『聊斎志異』を耽読したことのある私は、ここであの物語が生まれたのかとの感慨にひたった。その感慨もさることながら、最も感動したのは、集落全体が城壁によって囲まれているということであった。立派な城門が設置されている。城門や城壁の芯は土の壁であるが、表面は磚や煉瓦によって装飾・強化されている。集落の中の道路は、道の真中に煉瓦が敷きつめられて

蒲家村の城門
小規模な集落ではあるが、これほど立派な城門がある。『聊斎志異』はこの村で書かれた。

歩行しやすいように整備されている。黄土色の道路と壁の村。この色彩が、山東と山西の色であることを、その後二週間味わうことになった。
斉国故城を訪れた。戦国時代には三十四万人が住んでいたといわれるこの都市には、今や昔日の繁栄はない。しかし、桓公台や版築の城壁、さらに排水道の施設などはよく保存されており、都城研究者にとっては、重い存在である。特に斉の都市を囲んでいた城壁の一部は、覆屋《おおいや》で保存されている。黄土をつき固めた版築の土塁であった。黄土をつき固めればこのような強固な城壁になるんだと思って、覆屋の周辺を見渡すと、あたかも保存されている城壁に連続しているかのような土塁状の高まりがあることに気づいた。案内してくださっている山東大学の先生に聞くと、こともなげに「この土塁は、斉国の城壁ですよ」と言われた。この一言を聞いて、中国と日本は違うんだということを痛切に感じた。

斉国の城壁と言えば、紀元前の遺跡である。このように古い城壁が、いわばあたりまえのものとして地表上に放置されている。放置と言うのは失礼かも知れない。一部の城壁は覆屋によって保存されているのであるから、重要文物として認識されていることはたしかである。しかし日本で紀元前の城壁がもし現存しているとすれば、全てが厳重に保存されるであろうし、容易に見学することさえかなわないであろう。中国の歴史の古さは尋常なものではない。先に揚州の唐代の城壁で感じたことを、いっそう強く感じた。しかも私の立っている道路を、煉瓦を満載した荷車がラバに引かれて通っていった。昔も今も、変わらないのだ、いまもなお土が建築材として使用されているのだと思った。

有名な殉馬坑《じゅんばこう》を見学したのち、バスで曲阜へ行った。博山を経て秦山山系に入る。見渡すかぎり石灰岩の露出する地形が続き、時折、新しい開拓村が点在していた。山中で激しい雨にあった。やがて日は暮れて漆黒の闇の中を通りぬけて曲阜に着いた。

曲阜での宿舎は孔府飯店という孔子の子孫の屋敷の一部である。由緒はあるが設備は悪かった。ボイラー室の横の部屋は暑く、しかしシャワーは湯が出ずに心臓マヒをおこしそうなぐらいの冷たい水。

斉国の城壁

堤防のように見えるのが春秋戦国時代の土の城壁である。その横を煉瓦を積んだ荷車が通っていった。

曲阜もまた感嘆の地であった。魯国の城壁跡は高さ約一六m、幅約一七m、保存状態は良好で、まるで最近になって構築したかのようなものであった。顔廟に寄り、孔林へ行った。ここはあの孔子とその子孫の墓が林立する広大な墓域である。参拝する人が数多く、域内には多くの露店が立ち並ぶ。観光用の馬車まである。孔子七六代の人の墓までここにはあるが、七七代の当主は台湾あるいはアメリカに住んでいるという説明を聞いた。いずれにしても、この孔林にはほとほと参った。七〇数代まで続き、しかも今もなお名家として意識されているエネルギーを、何に例えたらいいのであろうか。日本人の淡白さと比較して圧倒された。わずか千数百年前の天皇陵さえもわからない日本と比較することと自体がまちがっていると思った。

魯国の城壁と濠

これもまた紀元前の城壁と濠。日本とは時間の観念が異なることを痛感した。

ついで魯の南門を見たのち、周公廟へ行った。この付近に魯国の宮殿跡があるはずである。ワンワンと湧くほどの田虫を払いつつ、汗まみれになって畑の中を歩いたが、はっきりしない。しかし私たちはラッキーであった。たまたま農作業をしていたお爺さんが、一九四二年の日本考古学者による発掘調査に従事したという。おかげで基壇の場所をつきとめることができた。孔子廟に参詣したのち曲阜をあとにした。

済南に戻る途中、道路事情のために、楽しみにしていた泰山へは行けず、夕刻の列車で太原へ向かうことになった。この日は車中泊、四人用のコンパートメントの中は暑く、持込みの弁当は、パサパサのパンとソーセージと、なまぬるいビール、身体の不調を訴える団員も多く、なんとなく大部分はイライラギスギスした雰囲気のなか、汗にま

平遥の城門
平遥では正方形に近い城壁が保存されている。

みれながら、ようやく寝入ったと思ったら、急に肌寒くなった。太行山脈を越えているのである。
　山西省でもいろんなところをまわった。まず太原で晋祠、そこから南下して平遥という町へバスで行った。この町は外国人に開放されてまだ日も浅い。正方形に近い城壁が残されている。城壁自体はそれほど古いものではないが、各地で交通の障害になるからという理由で伝統的な城壁が取り壊されている中国では貴重な存在である。城壁の外側は磚によって化粧されているが、城壁の内部はむきだしの土である。このようにむきだしのままの土の壁が長年の風雨によっても崩れないという事実に、黄土というものの粒子の細かさを実感した。これにくらべると古代日本の都城がおかれた畿内の土が、基本的には花崗岩という荒い粒子によって構成されていること、そのような地域には土を主体にした城壁などは成立し得なかったことなどが理解できる。平遥での思い出はこれにとどまらない。後述することにしたい。

平遥から太原への帰り道で、中国の木造建築寺院で三番目に古いとされる鎮国寺に寄った。管理人が鍵をあけているうちに村の人全員が出てきたのではないかと思うほどのたくさんの村人に囲まれた。開放まもない地域では外国人がよほど珍しかったのであろう。晋陽故城の土の羅城を経て、山西省博物館に寄ったあと、バスで五台山へと向かった。五台県に入ってしばらくして南禅寺、中国で最古の木造建築という。車窓に大規模な牧畜交流会などを見ながら、中国で二番目に古い仏光寺を訪問した。この寺も唐代のものである。しかし日本の法隆寺などと比べるとはるかに新しい木造建築物である。

険しくかつ危険そのものの道路を登って五台山の台懐鎮へたどり着いたのは、日も暮れた一九時であった。気湿は一八℃と低い、標高はすでに二〇〇〇mを越えている。この仏教の中心地を目指して、はるけくも来た日本の僧に思いを寄せて感無量であった。

肌寒い五台山で、顕通寺や塔院寺などを拝観した。多くの観光客を集める典型的な門前町が発達している。ちょうど日本の高野山のような所である。壮大なラマ塔を見ているうちに、高野山や根来寺などで見た仏塔は、ラマ塔に庇をつけたものではないかと思ったが真偽の程は確かめていない。いまとなってみれば建築史の専門家もいっしょだったのだから教えを請うべきであったと思う。

再びバスに乗って、また険しい山越えの道を下った。眼下に去り行く寺々を眺めやるうち、つい先ほど亡くなった藤岡謙二郎先生や、日本を発つ時にはすでに死に瀕していた叔父の面影が、胸をよぎった。バスの中は窓を厳重にしめていても、ほこりが舞いこんでくる。黄土の粒子は細かい。その細かい土を掘り込んだ穴居住居がいたる所に見られる。

●黄土色の世界と貴重な木材

話をややもどしたい。山西省の晋陽故城の近くで、今尾文昭さんが土で汚れたバスの車体に「日中友好」と指で書いた。それをみた私、「下手な字やなあ」とひやかしながら「日本国 今尾文昭書」と付け加えた。それを見ておられた岸先生が、「君の字も下手だなあ。日本の恥や」と笑われた。たしかに下手ではあるが、黄土色に汚れた車体にくっきりと彫りこんだような明瞭な字ではあった。

ところが三〇分ほどして次の下車地点に着いて驚いた。なんとさきほどの字はすでに見えなくなっているのである。この事実に、黄土の強烈さを痛感した。

こんないたずらはもちろんほめられたものではない。しかし、意図したわけではないが、このことによって私は黄土を実感することができたと言えば言い訳にすぎるであろうか。日本でバスの車体に字を書くなどという発想は浮かばないであろう。土ぼこりで車体が汚れることは少ないからである。またたとえ汚れていたとして字を書いたにしても、短時間で消えてしまうほどの土ぼこりが張り付くというようなことも考えられないであろう。黄土の粒子はことのほか細かく、しかも空気中に蔓延しているということである。実は、中国の観光地で「唾を吐くな」という掲示板をしばしば見て、行儀の悪いことだなあと思っていた。ところがどうしても喉がいがらっぽくなってしまう。唾を吐きたくなるのである。なるほど中国の人の行儀が悪いわけではなく、土のせいなのだと納得するようになっていた。

　五台山をくだってひたすら黄土とひまわり畑の中を進んで、応県に着いた。この町はいわゆる地方都市であるが、巨大な木塔が存在する地として知られている。この木塔は全国重点文物保護単位に指定されているもので、高さは六十七mあまり、中国で現存する最も古い木造高層建築であると同時に、木造建築としては世界で最も高いと言われる。建立年代は遼の清寧二（一〇五六）年とするのが通説で、仏塔寺の境内にそびえたっている。寺の前の倉庫で、持参のパンと缶詰、現地で提供されたゆで卵をなまぬるいビールで流し込んでから寺に入った。

　幸いにして塔の中へ入ることができたので、急な階段をのぼった。構造形式上は「八角五重塔、初重裳階付」と表現されるが、各層の中間にはそれぞれ外からは見えない暗層がつくられているため、内部は九層と数えることもできる。いずれにしても息をきらしながらたどりついた最上階

応県の木塔とその周囲
この木塔から見た光景は、一面の黄土の世界であった。

から見下ろした光景は、一面の黄土の世界であった。

黄土の壁と黄土の屋根、黄土の道路が広がっていた。カメラを全方位へ向けて何枚も写真を撮った。ファインダーの中は、全面黄土色の世界であった。さすがに黄土地帯だなあと思いながら撮影し、それにしても緑色がないと思った。家の庭に貧弱な庭木が点在、道路わきの並木もとぎれとぎれにしか見えない。突如として、木造の塔の中にいることに気づいた。この樹木の少ない地域に、これほどの重厚かつ高層の木造建築物が存在していることを認識した。

考えてみれば、山西省に入ってから、古い寺院以外に、大規模な木造建築物を見たことがない。これほどに樹木の少ない地域では、木造であること自体が権威の象徴なんだと思い至った。日本人は木と紙の家に住んでいる、それも小さくてウサギ小屋のような家であると、欧米人からある種の差別的表現をされることが多い。これに対して、ヨーロッパは石の文化であって強固な建造物の世界であると賞賛されることも多い。しかしヨーロッパも木材が枯渇した結果として石の文化圏になったのではないか。むしろ木造こそ理想的なものであり、それゆえにこそ中国でも宮殿や寺院といったような権威を象徴する建造物においてのみ、巨大な木材が使用されているのではないかと思った。

このこと、大同の城壁を見たときに、確信的なものになった。大同に残された版築の城壁に手をふれているとき、ふとその横に煉瓦工場があることに気づいた。その工場も煉瓦造りであった。

工場の前には新しい煉瓦が積まれていた。ああ、これが中国なんだと、中国はまさしく土の文化だと、身にしみとおるほどに感じた。

翌日、朝食前に大同のホテルの屋上へ登った。同室の林博通さんと展望のよいところから大同の街を見たいなあと相談して、鉄製の梯子をつたってのぼった。もちろんホテルの人や他の団員に見つからないようにしてである。抜け駆けならぬ抜け登りであった。ここにもまた黄土色の世界が広がっていた。細かい黄土の粒子がただよっているのであろう、視界はホテルの周辺に限られていた。

●土の城壁の意味

フィールドノートに、以下のようなことを書きつらねた。

中国は土の文化である。日常的に土が、土壁や煉瓦として使われるし、土そのものを掘りぬいただけの穴居住居もある。したがって、中国の土木工事の主体は、特に北の地方においては、土を掘り、塗り固め、焼き固め、積み上げることであった。このような土木工事をベースにする以上、城壁が出現することは、いわばあたりまえの常識であり、必然的なことであった。土を芯としてつきかため、その上に煉瓦や磚を張った城壁で、都市を囲むという発想は、一般の家屋が同様の材料で建築されていることからしても、ごく自然なことであった。

このようにして築かれた城壁・都市壁は、もちろん防御の機能を第一義的に持っていたにちがいない。しかしそれは、外敵に対する施設としてのみ、意識されたのではなかったのではないか。外敵に対する施設であると同時に、人民をコントロールする、いわば囲い込むための施設でもあった。その上で、都市を成立させ、壁内の都市住民を、なかば強制的に広義の戦闘要員に組みいれるためのものであったのではないか。

もっとも中国都市の城壁は、軍事的な目的しか持たなかったわけではない。砂ぼこりや土ぼこりを防止する防砂壁としての目的も有していたと考えられる。とすれば、都市を囲む壁は、さまざまな自然の脅威の渦巻いている城壁外と、それらの脅威の存在しない城壁内とを、明確に切り分けるためのものであったと表現しうる。それゆえ、いやしくも都市・都邑たるものは、城壁を持たねばならないということにもなり、城壁こそが、都市・都邑のシンボルであるということにもなったのではないか。

もっと言えば、土がごく一般的なものであると同時に、木の少ない風土の中にあっては、木造建築は特別のものであった。宮殿や寺の木造建築は、それゆえにこそ、権威の象徴であり憧れの対象でもあった。木造であることそれ自体が、それほどの意味を持たない日本とは、この点がおおいに異なっている。「中国は土の文化」であるとすれば、「日本は木の文化」であり、さらに韓国慶州の仏国寺などを想起するとき「韓国は石の文化」であると表現しても、あながち的はずれではないであろう。

それにしても華北の平原には、水が少ない。黄河はあるが、それ自体はとてつもなく大きく、それ以外においては、水が乏しい。華北の人とて都市を囲むものとして、本来は壁と水を組み合わせたかったのかもしれない。しかし、それが困難であったことは、まず間違いがない。華北と江南、水の乏しさと豊かさ、これが壁と水の比重の差につながる。この点、日本はより江南的ではあるが、日本と江南の間にも、なお大きな差が存在している。ともかくも伝統的に言われてきた「南船北馬」という言葉の持つ意味は、単なる交通手段の差のみを表現したものではなく、きわめて多面的な意味を内蔵しているものと考えねばならない。

大同周辺をまわった。明代の城壁をめぐり、華厳寺・九龍壁・善化寺をまわった。善化寺の門前にも城壁が残っていた。雲岡でも土の仏像を見た。明代の狼煙台も土であった。遠くに見えた長城も土であった。

午後十時過ぎに大同を出発した夜行列車は、寝苦しかった。肉体的にはもちろん精神的にもかなり疲れている。私だけではない、団員の大部分が、ある者は下痢をし、ある者は熱を出している。やはりハードなスケジュールが、旅の終盤にきて響いてきたのであろう。しかし、私の頭の中では、以下のようなことも断片的ながら浮かんでいた。

●省と国

実は二年前に中国をはじめて訪れてのち、中国の地図をあらためて見ていると、広大な中国とは言いながら、人の住んでいるところは意外にも狭いということを考えるようになっていた。その南北の長さは日本と比較するとさほど大きくはないし、人口が稠密に分布しているのはおおかに言えば、海岸線に近い地域に限られているではないか。ビッグチャイナという表現は、必ずしも正しくはないなあと思い始めていたのである。

ところが、黄土地帯を二〇〇〇km以上走り回った結果、やはり中国は広いということをあらためて認識することになった。

山東省で魯の国に入ったのち新泰市街地を通過したのは午後六時を過ぎていた。バスのライトが道路沿いの並木の下部に塗られた白いペンキを照らしていた。あたりは漆黒の暗闇であった。いまの日本には真の暗闇なんてもはや存在しないなあと感じていたが、どうやらバスの運転手が道を見失ったらしいことがわかった。新泰から曲阜への道は、この地域ではいわば幹線道路である。にもかかわらず地元のプロの運転手が道をまちがえたのである。このとき、つくづくと中国は広いんだということを思った。

早朝に到着した太原駅にはかなりの数の群集がいた。寝不足の目でぼんやりとその群集を見ているうちに、北京駅や済南駅での人々とはどこか違うことに気づいた。長袖の人、人民服を着ている人も多い。カラフルな服装がみあたらない。そのために駅舎や駅前の色彩が妙に地味でくすんで見える。心なしか背の低い人も多い。肌の色も、やや褐色が強いように思われる。衣服というような外殻のみではない。体格、容貌、立ち居振る舞い、表情、どれをとっても微妙な相違がある。ようするに全人的に雰囲気が異なるのである。

山西省の平遥を訪れたことは先に書いた。西門に登り、城壁の上を歩きまわった。その後、明・清代の町並を保存している金井古路を歩いた。楼閣があり、防火壁がある。この町に外来者が訪れることはほとんどないのであろう、一人で歩いていた私は、あっというまに数十人の人に取り囲まれてしまった。こんな時には、ニイハオと言えと、ガイドブックには書いてある。そして、そうした。これがいけなかったのかも知れない。彼らは、中国語で話しかけてきた。中国の他地域の人間とまちがわれたのであろう。

いずれにしても、これには参った。あまり無愛想にするわけにもいかず、「私は日本人です」と下手な中国語で言っても通じない。しだいに周辺の人にいらだちがみえはじめた。ふと思いついて、誰か英語を話す人はいませんかと聞いたら、幸いにも一人の青年が「少々なら」と前列に出てきた。彼の通訳で、日本から来たことを述べた。「観衆」は、なぜこの町に来たのかと言う。保存されている立派な城壁を見学に来たと言うと、「この町にどのような印象を持ったか」と聞かれた。とても素晴らしい町で感激していると答えた。拍手の嵐がおきた。

「あんたの職業は何か?」と聞かれた。日本で大学教授をしていると答えると、英語青年の表情が一変した。大きく両手を広げて「観衆」を静めてから、おもむろに何かを言った。観衆が一瞬にして静まり、私に向かって数多くの人が合掌した。いったいどうしたことかと思って青年に問うと、「私は、貴方が大学教授であることを伝えた」と答えてくれた。ちょうど集合時間がせまってきたのでバスへと急いだ。「再見」と言いながら観衆から離れたつもりであったが、観衆

平遥の路地
この路地を通り抜けたところで群集に囲まれてしまった。

はぞろぞろとバスまでついてきて合掌しながら見送ってくれた。団員は「高橋さん、なにをしたんですか?」と不思議がったが、「いや、僕、尊敬されているらしい」と言うにとどまった。

バスの中で、中国の他地域から来た人間であると誤解されたことを思い出して、なるほど中国は広いんだと感じ入った。

極端なことを言えば、中国の「省」は私たちの感覚からすれば「国」であると言ってよいのではあるまいか。たとえば山西省の面積は約一五万平方km・人口は約二千万人、山東省は約一五万平方km・約七千万人、河北省は約一九万平方km・約四千万人である。台湾を除く二一省の平均は約二七万平方km・約三千万人である。二一省に五自治区を加えた平均も約三六万平方km・約三千万人である。

これらの数値は、いずれも日本全体のそれとほぼ同じ、もしくは数分の一である。数字のオーダーという観点から見る限り、さしたる差は存在しないと言ってよいであろう。しかも単なる面積や人口の数値だけではなく、もろもろの可視的あるいは不可視的なものに、省という地域レベルの持つ有意性が感じとれる。

このようなことを考え、かみしめながら北京の故宮で、多数の門をくぐり、おのおのが閉ざされた空間を歩きまわった。この壮大さをどのように表現すればよいのであろうか。日本の平城宮はもとより韓国の景福宮も、これに比べれば、まさに雲泥の差である。この規模や先の行政地域のレベルを考えあわせれば、古代の日本などは、中国のせいぜい二ないし三省に相当する一地方でしかなかったと痛感せざるをえない。私たち日本の研究者は、古代日本の都城を考えるときに、どうしても日本の都城のフィルターを通してしか研究してこなかった。これは根本的にまちがっている。中国の人たちにとってみれば、日本などは東の海に浮かぶ島でしかないのである。

6 高句麗の都城

韓国と中国の遺跡を見たことによって、東アジアの都城の様相がほのみえてはきたものの、未知の地域すなわち高句麗が残っているという気持ちがあった。私にとって、その地域がぽっかりと空白になっているという焦りを拭うことができなかった。しかし、かの地は国際的な情勢もあって、容易に訪問することが困難な地域であった。その焦燥感を癒すために吉林省と遼寧省をまわったのは一九八八年の夏である。集安で高句麗の故地の遺跡を実見し、鴨緑江上の船から朝鮮民主主義人民共和国の地をのぞんだ。それから一年余後によ うやくピョンヤンやケソンの遺跡を見ることができた。細いながらも、ようやくにして東アジアを結ぶ環がつながったことになる。

1　中国東北地方の高句麗

●北へ行こう

中国へいっしょに行ったメンバーと大阪の京橋で飲んでいた。岸俊男先生が亡くなってから間もないころである。中国での岸先生の思い出を語りあううちに、次第にしんみりしたムードになってきた。誰かが、「いつまでも、うじうじ言うてても、しようがないで。次のこと考えよう」と言いだした。「そやなあ。どこにしよう、西か南か」、「チベットへ行こうか」、「雲南、どう」など、いろんな候補地があげられた。「僕、キタへ行きたいねんけどなあ」、「キタか。行けるのか」、「決めよう、北にしよう」。「北」が出てからの話は、早かった。誰も中国の北部を考えはしなかったし、なぜ行くのかという議論もなかった。私たちにとって、「北」と言えば高句麗のことであり、現在の朝鮮民主主義人民共和国のことであった。「決めた決めた。本格的にハングルの勉強しよう」と、生野の飲み屋にまでタクシーを飛ばした。

朝鮮民主主義人民共和国は日本からの観光客を受け入れつつあるという状況となっていたが、私たちとしては単なる観光ではなく、一般には見られない遺跡の見学も行ないたいということで、朝鮮社会科学者協会とも連絡をとるようになった。京都市埋蔵文化財研究所長をつとめておられた建築史の杉山信三先生を中心として、城南宮の事務所で勉強会を行なうようになった。数ヶ月先には高句麗の遺跡を見ることができると信じていた。

ところが、勉強会を積み重ねているうちに、渡航が禁止されてしまった。心底からガックリとした。このままあきらめては何としても悔いが残るという思いは、団長をお願いしていた杉山先生をはじめとするメンバーに共通したものであった。今回は中止して、しばらく時を待つか、それとも別の地を訪れるかということで、議論は百出した。

しかし、結局のところ、故岸俊男先生を団長とした「中国都城制研究学術友好訪中団」を母体にしている私たちメンバーは、やはりそれでも高句麗へ行こうということでまとまった。朝鮮民主主義人民共和国がだめでも、中国の吉林省には、高句麗の初期の都城である国内城と丸都山城があるではないか、これこそまさに高句麗の故地ではないか、そこは鴨緑江の河岸ではないか、そこまで行って、鴨緑江の北岸から対岸の朝鮮民主主義人民共和国を眺めようとの結論に達した。中国には失礼かもしれないが、あくまでも私たちの初志を重視して団名も「高句麗都城制研究学術友好訪中団」とすることにした。一九八八年の春が過ぎたころであった。

一九八八年八月、日航機で上海に着いた。中国旅行では、しばしば旅程の変更があるが、このときも例外ではなかった。予定では、当日は上海に宿泊し、翌日の飛行機で長春へ飛ぶことになっていたが、翌日の飛行機はとれないとのことである。したがって本日中に、北京へ飛んで宿泊ののち、北京から長春へ飛ぶということになった。そこで昼食ののち、一度上海動物園を訪れようということになり、パンダを見に行った。二頭のパンダは暑さにもかかわらず、屋外で元気に遊んでいた。

その後、さしたる予定はない。そこで私は、今回も同行してくれた日中旅行社の横田篤氏らと南京西路の裏町の商店街などを散策した。散策といえばのんびり聞こえるが、実態はそうでもなかった。日本円もしくは外国人用の紙幣と交換してくれと言い寄ってくる青年が多く、なんとなくキナ臭い雰囲気になっていた。人々の服装も変化していて、布地やデザインやカラーも大きく変わっていた。別に文句をつけるわけではないが、なぜこの中国でも少しばかり荒廃した青少年が増えてきたのかと、残念な気がしてならなかった。要するに、ちょっぴり緊張感のある散策であった。夕食後の北京への飛行機も大幅に遅れた。一時間以上おくれて北京に着陸し、ホテルへ着いたのは翌日になる二分前であった。

長春への飛行機はイリューシャン、折たたみ式の座席である。北京郊外のダム・方形区画の畑・そのまわりの防風林・土の家の集村に見とれているうち、窓下の景観は次第に変わりはじめた。メアンダーと三日月湖が多くなり、農地の区画はやや狭くなっていった。網目状の道と方格の区画が混在し、放射状の道路を持った開拓村が点在し、黄緑・深緑などのさまざまの緑がカーペットのように続き、等高線耕作も見えるようになった。長春上空に近づいてきたのである。空から一見しただけで、乱暴な話であるが、これは北海道であると感じ、北京郊外は関東であり、江南は関西であると感じた。

●長春の夏から秋

降り立った長春空港の空は、真青であった。昼食をすませたのち、ホテル周辺を歩いた。旧満州国時代の建物が多く残っている。朝鮮料理の店もあって、朝鮮族の多さがわかる。地質学院(旧偽皇宮)、人民銀行(旧満州銀行)、長春駅、古籍書店と新華書店、共産党吉林省委員会(旧関東軍指令部)、旧ドイツ大使館や旧イタリア大使館も見た。人民解放軍空軍長春医院は旧最高裁判所の建物であった。スピード宝くじに興ずる人、広場で大道芸を見る人、街角の通俗小説販売店に群がる人、いろんな建物と人を見た。

翌日も晴れていた。ホテルの黒板に書かれた天気予報では「晴、気温一二～二四℃」という。この間までは大変暑かったと聞いたが、少なくとも昨日は涼しかった。ところがこの天気予報掲示板の表示は長春を発つまで変わらなかった。ちょっとおかしいなと思って、別の階の黒板を見ると「雨、一二～一九℃」とある、あれれと思って別の階の表示を見ると「晴、三〇～三二℃」と書かれているではないか。この鷹揚さこそが中国らしいところである。

吉林大学の考古学教室や吉林省博物館のスタッフとの学術交流会をもった。私も、古代朝鮮の山城や都市プランについて種々の質問をしておおいに得るところがあった。般若寺という寺へも行った。奈文研の細見啓三氏に、この寺（一九三三年移転のもの）は伝統を生かしつつも新しい様式を取り入れたものとの説明を受け、ラストエンペラーにちなんで「ラストテンペラーですね」という駄洒落を言った。旧大和ホテルの内部を見たのち、北京ダック料理を食べた。料理は美味、白酒は強い。

翌朝、雨が降りはじめた。昨日までは半袖の人が多かったが、道行く人のほとんどが長袖を着ていることに気づいた。早くも八月末に長春は秋にはいり、長い厳しい冬に向かっていくのである。またまた博物館と偽皇宮へ行った。考古学の人たちの遺物好きには感心するが、こちらとしてはやや閉口するところもある。この時間を利用して、博物館前の自由市場の中を歩き、客にもまれながら、市場の見取図を書いて写真を撮った。夕食時に激しい雨となった。

●鴨緑江へ、集安の遺跡

次の日、普通快速列車で長春を発った。とうもろこし、柳、白菜、コウリャン、枯れかけのひまわり、牛（赤牛）、ポプラ、馬。四平の東部でいきなり水田が眼に飛び込んできた。こんな所に米があると驚いているうちに、水田は姿を消した。一四時ごろ、遼原を過ぎたあたりで、一面の水田が広がり始めた。さきほどちらっと見えた水田は東遼河流域であったが、ここはその上流域である。水田にはカカシも立っている、藁ぶきの農家もある。杉山先生から、旧満州時代に日本の米騒動などもあって、この地方に米が導入されたと教えてもらった。このときまで中国東北地方に水田が存在するというようなことは想像もしなかった。高い所にはコウリャン畑があるが、低い所はことごとく水田と野菜畑である。山も近い。日本でよく見る風景に変わっていった。夕刻になって、通化に到着した。この日は通化に宿泊し、翌朝の列車で集安へ向かうのである。

いよいよ集安に入る日がきた。車窓には、唐がらし、大根、豆、トマト、タバコ、ニラ、朝顔、ねぎ、カボチャが見える。荷物を頭に乗せて運ぶおばさんたちの姿も見えた。朝鮮が近くなっている。一一時を過ぎるころから車窓に兵士の姿が目立つようになった。特にトンネルの出入口には監視兵が立っている。列車が下り始めたと思っているうちに、集安のある通溝平野に入っていった。車窓から地図と首っ引きで、あれが大王陵、あの辺りが将軍塚、丸都山城はあの山の向こうと言いながら必死にシャッターをきった。集安に着いてから、どれを見られるという保証がないからである。

しかし結果としては希望していた以上の遺跡を見学することができた。集安博物館、好太王碑(広開土王碑)、将軍塚、東台子遺跡。国内城の石垣の城壁は高句麗初期のものであるが地表上に現存していた。多くの古墳も見た。迫力のある四神の壁画古墳、舞踊塚など。

ここで私たちに、大きなプレゼントがもたらされた。鴨緑江を船で遊覧させてくれるというの

集安の駅舎
ようやくにして集安に着いた。国境の町である。

である。おおげさでなく夢にまで見た鴨緑江の水の上で船に乗れるのである。やったと思い、思わずガッツポーズをとった。二時間の船旅の前に、中国側の写真は撮ってもよいが朝鮮民主主義人民共和国側の写真は絶対に撮らないでほしいという注意を受けて乗船した。南岸の朝鮮民主主義人民共和国側からの厳しい監視の眼の光っていることを、当然私たちは予想した。しかし、実態はそうではなかった。少なくとも私の眼にはふれなかった。見たのは、南岸の道から手を振るトラックの荷台に乗った人、歩きながら手を振る兵士、頭の上に荷物を乗せた人、鴨緑江で水浴をする男性と髪を洗う女性、釣りをする人、泳いでいる子供たち。多くの人が、私たちの船に手をふってくれた。私たちも「アンニョン」と叫びながら、熱烈に手を振りかえした。鉄橋の警備兵も双眼鏡で船を見

国内城の城壁
高句麗時代の石の城壁が残っていた。この城壁の内側の食堂で宴会をした。

ながら手を振ってくれた。予想とはまるで異なる平和な川であった。ここに本当に厳しい国境線があるのかと疑うほどの、日常的な雰囲気の川であった。

この夜、集安旅遊局の招待で、国内城北壁に接した北城飯店で朝鮮料理を食べた。博物館のスタッフや旅遊局の人、飯店の家族も交えて、おおいに食べておおいに飲んだ。飯店の主人は日本語を話す人であった。歌と踊が始まった。私、もちろん歌った。ふと気づけば、飯店の窓には鈴なりの見物客、いつのまにか写真屋さんが来て、宴会の光景を撮影していた。

幸いにして晴れた翌日、いよいよ丸都山城へ行った。山城を取囲んでいる川にかかった山城子橋を渡ることは禁止されているという。山城の遠望を写真に撮ることはできたが、せめて城門の所までは行きたいと私は切望していた。行きたいという素振りを、あからさまに示した。旅遊局の人であったか博物館の人であったのかは忘れたが、「先生も大変ですね、でも時間は少ししかないですよ」と言って、わざと視線をそらせてくれた。少なくとも私は、そう解釈した。城門まで走って写真を撮り、急いでバスに戻った。こののち通化でいったんおりて、さらに夜行列車で瀋陽へ向かった。瀋陽でも、新楽遺跡、仏舎利塔、柳条湖（溝）、北塔法輪寺、北陵、遼寧省博物館、遼寧賓館（旧大和ホテル）、故宮、東塔などを見学。上海を経て大阪に帰りついた。

2　高句麗の都城と古墳

●急な招待状

残るは、朝鮮民主主義人民共和国である。この国を訪れることができれば、私にとっての東アジアは、一応の環を完成することになる。一九八九年、ついに夢は実現した。

とはいえ、それほどスムーズに行けたわけではない。本当は、一九八九年夏の訪朝を希望していた。いくら待っても招請はなく、今年もまた駄目かとあきらめていた。ところが九月末になって、朝鮮民主主義人民共和国の社会科学者協会が、一〇月末に招待してくれるという。ただし、メンバーのほとんどは日程の都合がつかない。私も一一月中旬には、人文地理学会での特別研究発表をしなければならない。しかし過去の経緯と先方の好意を考えれば、断るわけにはいかない。断れば、もう二度と招請は来ないかもしれない。招請が来た以上、行ける者だけでも行こう、礼儀に反するかもしれないが、少しだけ期間をずらしてもらおう。結局、行けるメンバーは、九名になり、一一月二一日出発ということで、再申請した。そして、許可された。

ところが、それからが大変であった。関西学院大学の林紀昭氏には早くに渡航許可がおりたという。地方公務員の考古学のメンバーにも許可はおりていた。ところが国家公務員である私に、外務省決済の書類が届いたのは、渡航手続きの点でぎりぎりの日であった。県庁へ飛んでいき、パスポートの緊急発給をしてもらった。この間、二度ほどあきらめかけた。大阪国際空港へ他のメンバーを見送りにいくことを覚悟した。

●鴨緑江をこえて

こんなような経過をたどったから、無事、中国民航のシートにおさまった私は、高揚していた。鼻歌まじりで団員と、アンニョンハシムニカの声をかけあった。

北京に着いた翌朝、ホテル横の川には薄い氷がはっていた。日壇公園近くの朝鮮大使館へ行く。パスポートを提出、書類に記入し、写真を二枚添付した。ようやく、朝鮮民主主義人民共和国入国用のビザがおりた。費用は、二千五百円、薄い水色のビザであった。

これで手続き的には、共和国への入国が可能になったことになる。夕刻の出発までの間を利用して、北京市内を回ることにした。天安門事件の影響で、緊迫した空気が漂っていた。しかし、青く澄んだ秋空の故宮は、夏よりも格段に美しかった。

北京駅、一六時四七分発の平壌行きの夜行列車に乗車、天津を過ぎて食堂車で食事をし、軟臥《なんが》車でウイスキーを飲んでいるうちに山海関を通過した。たまたま列車で会ったアメリカの青年とも話をしたが、彼は夫婦で平壌へ行くという。国際列車の夜はふけていった。

食堂車で朝食。八時一二分に丹東に着いた。鴨緑江北岸の駅である。ここで中国からの出国審査と税関検査を受けたが、所持金や持ち物検査など、かなり厳密な検査をされた。検査終了後、駅のホームに出てみたが、ずいぶん寒かった。一〇時三九分に発車、すぐに鴨緑江を渡った。わずか二分間であった。列車が通過している鉄橋とは別に、寸断されている古い鉄橋があった。河岸は薄氷に覆われていた。

あっというまに、新義州駅に着いた。丹東から八分間、ここで停車した。入国審査と税関検査があった。緊張していたものの、審査はごく形式的なものであった。緊迫感は、次第にとけていった。

ここで私の悪い癖が出る。じつは、この日は私の誕生日なのである。ここへ着くまでの車中、団員の一人である朝日新聞の天野幸弘氏と、次のような会話をかわしていた。「あのねえ、今日、

鴨緑江の寸断された鉄橋
もちろんこの鉄橋を渡ったわけではない。乗車している上流側の列車から撮った。

僕の誕生日ですねん」、「えっ、そら、タイミングよろしいな」、「審査官にこのこと言おうかな」、「いくらなんでも、そんなことよう言わんでしょう」、「もし、言うたら、大阪で一晩おごってくれるか？」。このような経過があった。緊張がとけたころ、パスポートの出生日と、ビザの入国日を指差して、「センイル（生日）、センイル」と、審査官に言った。一瞬、怪訝な表情の審査官であったが、すぐに気づいて、破顔一笑、「オオー、オメデトウゴザイマス」と言ってくれた。「カムサハムニーダ」と応じた。車内に笑いがたちこめた。後日、天野さんに大阪でご馳走してもらったことをつけくわえておきたい。

それはともかく、駅のホームに降りた私たちは、ついに来たなあと、かたい握手をしあった。駅を見学する小学生の団体、広い駅前広場。トラック

沿線の農家
冬枯れの田園地帯。緑色は農家の前面の野菜畑に限られていた。

の荷台から降りる人達。石炭のにおい。駅前広場の北側には胴色の金日成主席像。列車は三輌を残して切り離され、朝鮮側の客車とディーゼル機関車が連結された。

一二時一六分に新義州を発車したのち、カメラをかまえて必死に車窓に目をこらしていた。明るい陽射しの中に、見渡すかぎりの水田地帯が広がっている。冬の田園は、薄茶色一色である。しかし、かなりの部分で圃場整備事業も実施されているらしい沿線は、夏には緑色に染められるのであろう。松の疎林のある低い山が遠くに続き、山すそには白い漆喰の垣根に囲まれた白壁に黒い瓦屋根の農家群が点在していた。数十戸の大きい集村もあれば数戸の小村もある。農家の前面にある野菜畑の小区画だけが緑である。

この高句麗の地に、古くから米がこれほどに栽培されていたわけではない。あるにはあったとしても農業の主体はあくまでも麦や雑穀類であったろう。したがって古代の都城を考える際に、水田にかこまれた風景を描くことは誤っている。しかし、時代をあえて超越して考えれば、米を生産しうるという風土の重みを無視してはならないと思う。かりに、西日本—中国江南—山東・山西—東北—朝鮮民主主義人民共和国—大韓民国—西日本を結ぶ環を想定すれば、その環の上にはさまざまな風土の違いが存在するが、西北四分の一以外には「米」がある。

食堂車で食事をとる際にも、車窓の写真をとった。この食堂車、中国のそれとは異なって、段違いに清潔である。白い布のシーツがまぶしいほどで、料理と朝鮮産のワインも美味であった。この時、興奮しすぎたのか、鼻血が出た。するとレジの女性が、すかさずペーパーナプキンを渡してくれた。食堂車を出るとき、「マシッソソヨ（おいしかった）」と言ったら、笑顔で応じてくれた。

定州駅を過ぎてまもなく、車窓に大規模な工事に従事する人達が見え始めた。道路工事をしているらしい。おそらく何千人にもおよぶ人達が、工作単位であろう旗を立てて、工事に従事している。まさに人海戦術の工事である。ところがこの頃から、深い霧がたちこめはじめ、写真は撮れなくなった。大寧江、清州江を渡り、新安州をすぎ、一七時に平壌駅に到着した。

駅のホームには、主体科学研究院長など約一〇人、そして四台のベンツ。私たちが出発するまで大勢の乗客が駅舎側で待機させられている。ホームから直接広い道路に出た。深い霧であった。視界五〇mもない霧の中に巨大なビルが浮かんでいる。幻想的な光景であった。

約二〇分で平壌市万景台区域竜峰里の丘陵地にある主体科学研究院の宿舎に着いた。すごい部屋であった。約八畳の部屋が二つ（居間と寝室）、トイレ・バスも広々しており、居間には応接セットのほか机と書棚、食器棚、冷蔵庫、テレビ。荷物用の部屋まで別についている。これだけの部屋に一人。宿泊費は無料。ついでながら言えば、滞在中の経費はすべて無料であった。

小休止ののち、別棟の食堂で歓迎会が開催された。主体科学研究院副院長主催の歓迎の宴であり、滞在中私たちと行動を共にしてくださった二人の通訳の先生も同席された。挨拶と乾杯ののち、副院長の「私たちはまえもって先生方のことを調査させていただきました。今日が、高橋先生の誕生日であることを、私たちは知っています。先生の誕生日をお祝いして、もう一度乾杯しましょう」との言葉には驚いた。チマチョゴリ姿で接待にあたっている若い女性から、白菊と薄紫の菊の花束をもらった。みんなにうながされて答礼の挨拶をしたが、しどろもどろであった。

●ピョンヤンからケソン

翌日も、深い霧の中で始まった。見学した凱旋門も、主体思想塔も霧に霞んでいた。そして、地下鉄復興駅。栄光駅までの一駅間を乗車したのち、高麗ホテルで両替と書籍の買い物。宿舎に戻って昼食をすませて、人民大学習堂。そこから宿舎に帰り、科学院の哲学の先生による共和国の現状についての学習会があった。この種の会は、在朝中、三度開催された。本当のことを言えば、この種の会合で時間を消費するのは、もったいないという思いを否定できない。なによりも、遺跡や景観を見たいのである。しかし、招待してもらったということを考えると、拒否することは礼儀にそぐわない。これらの会合には積極的に出席し、率直に質問や討論をしようということにしていた。こうした私たちの態度に応えて、社会科学院側は、非常にハードなスケジュールであるにもかかわらず、見学希望のほとんどをかなえてくれることになった。

これらの会合で交わされた会話のいちいちを記すことはしない。微妙な誤解を与えたくないからでもある。しかし、朝鮮民主主義人民共和国の状況や主体思想について、ある程度の理解を深めることができた。だから、決して無意味な時間ではなかったと思う。

ピョンヤンの三日目は晴れた。午前中、朝鮮歴史博物館と朝鮮民俗博物館を見学した。いずれも館員の人たちと学術交流を深めることができた。ありがたいことに、世界的に有名な考古学者である朱栄憲先生が、このの ちずっと行動をともにして説明してくださることになった。

ところで、この日の昼食に食べた玉流館の冷麺は、大変おいしかった。冷麺に力をえて勇躍、ベンツで憧れの大城山城へ突っ走った。南門、そして蘇文峰、鯉池。私にとって、以前からぜひ見たいと思っていた大城山城を目の当たりにできた喜びは、到底表現できるものではない。しか

大城山城の城壁

夢にまで見た城壁である。民族教育推進のためか、かなり修復されているように思えた。

も、この時、「百聞は一見に如かず」という常套句を、痛いほどに感じることとなった。

すなわち、地形図などで見て、大城山城は百済の南漢山城と同じようなプランであると、信じこんでいた。ところが、現地で見ると、この城のプランは、集安の丸都山城と多くの共通点をもっていることが明瞭であった。同じ古代朝鮮であるとはいっても、高句麗と百済や新羅の山城は異なること、そしてその背後には、中国の羅城導入の時代差があるらしいこと、さらに、プランから考えるかぎり、少なくとも初期の宮殿としては、安鶴宮よりも清岩里土城を想定するほうがいいのではないかというようなことを、見事な石の城壁を見ながら考えることができたのである。次いで安鶴宮、大学習堂裏の刻字城石と高麗時代の崇仁殿・崇霊殿と普通門を訪れた。この夜は、サーカスを見た。中国のサーカスとは違って、スポーツ色の強いもので、とりわけ国際大会優勝の空中ブランコは素晴らしかった。

翌日も天気はよかったが、徐々に気温が下がっていった。午前中は、主席生誕地の万景台を見学ののち、宿舎で主体科学研究院院長との会談。昼食後、大同門と大同江をまわって、ふたたび宿舎に戻った。午後三時から朝鮮労働党幹部との会談が予定されていた。会談は、緊張に満ちた雰囲気で始まった。約三時間の会談中、休憩時間以外は、私も煙草を吸わなかった。質問も出た。私も、主体思想について地理学的な観点からの質問をした。かの幹部は、さすがの人物であった。私たちの質問に対して、非常に真摯に応答されたし、時には激しく反駁もされた。会談の途中からは、日本語でのやりとりとなった。そして、会談後は、幹部との夕食会が開催された。緊張した一日であった。休憩の後、二三時二〇分に宿舎を出発、平壌駅からの列車で、ケソン（開城）へ向かうのである。

〇時発の予定が、一時四〇分発となった。眼を覚ました時は、小雨であった。はげ山、人参畑、水田、段々畑がつづく。八時一三分にケソン駅。ここは高麗時代の都城の置かれた地である。子男山飯店で朝食をとり、善竹橋などを見て、高麗博物館。そして、宮殿地区の満月台を訪れた。宮殿地区は雑草が焼き払われて、見学しやすいようになっていた。聞けば、私たちの見学に備えて清掃したという。発掘現場で平安京と共通する瓦も見た。子男山飯店に戻って、昼食と買い物ののち、高麗王夫妻の恭愍王陵へ行った。この墓地は、風水思想をみごとに具現化したものである。北・東・西を山に抱かれ、開放されている南方には、案山と認識される孤立した山も位置している。高麗時代の墓地選地に際しての歴史を聞いた。日本でも風水思想を議論することが多いけれど、このの ち私にとって、この陵墓が重要な基準となった。

板門店へ行った。ケソンは国境の都市である。軍事境界線での私たちの表情は、さすがに堅かった。ソウルまで七〇㎞という標識のあるゲートをこえて、非武装地帯を進み、そして境界線。厳しい雰囲気の警備兵、私たちを境界線の南側から望遠レンズで撮影している兵士。一触即発というか、少しでも動けば、まるで静電気でも発しそうな、そんなピリピリした時間であった。停戦協定会議場、停戦調印場。去る時に警備責任者と握手を交わしたが、凄まじいほどの握力であった。板門店を出た時、一同は、思わず溜め息をついた。それほど緊張していたのである。

子男山飯店で夕食ののち、一八時一五分に開城駅。おそらく灯火管制であろう。町には灯は少なく、駅も暗闇に近い。暗闇のホームで、〝アボジ〟〝アボジ〟と言いながら父親に寄り添って歩く二人の少女の白いスカーフが目に入った。なぜか知らず、涙がこぼれそうになった。

●高句麗の古墳

予定より二時間半おくれて、午前三時に平壌駅に到着した。この時間にもかかわらず駅には人

非武装地帯手前の標識
ソウルまで70kmの標識を越えると非武装地帯が広がり、板門店に通じる。

だかりが多く、暗闇の中でたがいに呼びあう声がしきりに聞こえる。暗くて長くて寒いホーム。出迎えのいつものベンツに乗り込んで、宿舎に着き、仮眠。すぐに朝となった。晴れていた。しかし寒い朝。寝不足の眼をこすりながら、徳興里古墳へと向かう。有名な壁画古墳で五世紀初頭のものである。本来なら石室内への立ち入りは禁止されている時期だが、特別の配慮で入室が許可された。これは次に訪れた江西三墓でも同様であった。徳興里古墳の詳細な壁画と、江西三墓の迫力のある四神の壁画は、報告書で見るよりも生々しいものであった。

宿舎に戻り昼食ののち、市内で買い物、のち金日成総合大学を表敬訪問した。対外部長の先生や歴史学副部長の先生と会談したのち、平壌の南郊外へ向かった。時速一二二kmの猛スピードである。着いたのは東明王陵という高句麗初代の王陵であった。四七二年の遷都時に鴨緑江北岸から移されたもので、王陵の前には、定陵寺の遺跡もあり、古いオンドルの跡も発掘されている。遺跡には零下四℃という厳しい寒気がたちこめていた。平壌市内に戻り、再度、玉流館へ行った。ここで、お世話になった先生方への答礼の宴を開いたのである。党の幹部をはじめ多くの先生方に出席していただいて、なごやかな会となった。宴会の費用は一人当たり約三五〇〇円、共和国の先生方の分はもちろん私たちが負担したが、豪華な料理であった。もちろん冷麺もでた。平壌産のヨーソン（竜城）ビールは、炭酸分が少なく、コクと味がある。少し強いがおいしいビールであった。

ピョンヤン最後の日、平壌城（長安城）の内城と北城を見ることができた。高句麗時代の城壁と城門に、息を飲んだ。切り立った崖のような石垣である。石材のそれぞれは城壁の外面をごくわずか残して上部の内側が薄く削られている。そのために垂直に近い石垣の構築が可能となっている。これほどの技術は、日本はおろか百済や新羅にもほとんど見られない。これぞ「石の文化」の精華である。平壌城も、山と平地を取り込んだ高句麗の山城であること、そして百済と同様に大河川を巧妙にプランに採用していること、などを認識することもできた。このことも、書物から想像していたことと異なることであった。

平壌駅に着いたのは、一一時半。院長はじめ多くの人に見送られて、一二時定刻に発車した。

もう二度と来ることのないかもしれないピョンヤンに別れを告げた。車窓の凍てついた風景に、食堂車で乾杯をした。レジの女性は来るときと同じ人であった。一五時四五分新義州着。出国検査。一七時一三分発。カモメの群れ飛ぶ鴨緑江をふたたび渡って丹東で入国検査を受けた。

朝鮮の食堂車とは著しく異なる食堂車で夕食をした。暖房の効きにくい軟座車で、しかし疲れのためか、いつしかぐっすり眠りこんでしまった。

平壌城の城壁

ほとんど垂直に築かれた石の城壁。高等な技術によってしか、このような石垣は造れない。

一〇時に到着した北京は晴れていた。今日は七℃で一二℃まで上がるという。周口店遺跡と蘆溝橋をまわった。夜は、ホテルのサロンに集合し、ビールや珈琲などを飲んだ。極寒の朝靄のなか大声で歌いながら集団登校する子供達、旗をたてて工事をしている人達、北朝鮮の人と結婚して平壌に住んでいる日本生まれの女性、暗闇の駅で呼び交わす家族、板門店をはさんで相対峙していた兵士達……、そしてあの超近代的な平壌市街地。これらの映像は、あれからすでに十五年以上経過した私の胸に、ときおり激しくよみがえってくる。

●気候と料理

この朝鮮民主主義人民共和国への旅は、以前から見たいと思っていた遺跡を実見することができたという満足感をもたらしてくれただけではなかった。私にとっての東アジアの環が、不完全ながらつながってきたような気がする。

一九八八年八月の上海の気温は三〇℃であったが、先日は三五℃もあったという。翌日の長春は一二℃～一四℃であった。たしかに中国の東北地方は江南にくらべると冷涼である。一月には零下三〇℃まで下がることも珍しくはないという。

一九八九年一一月の北京の最高気温は一二℃であった。ところが翌日の新義州は冷え込んでいた。列車の排水口も凍っていた。ピョンヤンでは零下七℃まで下がった。一〇年ばかり前に、韓国のソウル郊外の南漢山城の山懐の民家が十月の初旬でありながら、オンドルをたいていたことを思い出した。日本や江南に比べて、中国東北地方や朝鮮半島北部の寒さが、いかに厳しいものであるかをあらためて実感した。このことと、空の色の違いを結びつけて考えてもよいと思う。日本の少なくとも西日本の空は、秋空とはいってもやはり湿気を含んだものであり、やや白みがかった青色である。ところがソウルの秋空は突き抜けるように青い。ハルビンの空は、夏でも真っ青であった。

ところで私は、けっして料理通ではない。おいしいものは食べたいけれど、いわゆるグルメを自慢している人を、心のどこかで軽んじているようなところもある。しかし、基本的な味くらいは分かるつもりである。この二度にわたる鴨緑江をはさんだ旅で、以前の中国訪問のときとは異なる味に出会った。まず長春の料理、いろんなものを食べた。ナマコ、竹の子、シメジ、卵、かための豆腐、牛肉、アヒル、蛙、イカ、キュウリ、こんにゃく。そのどれもが相当に塩辛い味であった。南下した通化の料理にも塩辛さはあったが、それよりも何気なく口に入れた緑色の大きなトウガラシが強烈に辛く、通化で生産される甘いワインが疲れた体にここちよく溶けていった。鴨園を過ぎた車窓で、朝鮮式に頭に荷物をのせて運ぶ女性の姿を見たあとに着いた集安の料理は、塩辛さは少し裏に隠れ、トウガラシの味がいっそう顕著になっていた。特に国内城の城壁に接した北城飯店は完全に朝鮮料理で、中国料理の油っぽさは完全に消えていた。

北京からピョンヤンへの列車の食堂車。鴨緑江を越えたとたんに油っぽさは消え、淡白なものになった。ピョンヤンでもいろんな料理をご馳走になった。ハンバーグのフライ、魚のつけ焼き、鶏肉、焼肉、野菜サラダ、八宝菜、各種のスープ、米飯、米菓子、パン、リンゴ、ヨーグルト、アイスクリーム、そして前記の冷麺。どの食事にもさまざまなキムチがついており、食後、寒い戸外へ出ても、ぽかぽかとした暖かさがしばらくは体の隅々に残っていた。寒冷地の料理は塩とトウガラシの違いこそあれ、古今東西を問わず共通しているのではないだろうか。

この寒冷さは、料理だけに影響をあたえているのではない。古くからさまざまな面で住民に重苦しい制約を課してきたにちがいない。都城の宮殿から一般の民家にいたるまでの建築物にも影響を及ぼしてきたであろうと、定陵寺のオンドル遺跡を寒さに縮みあがりながら感じ、農業面での不利さを、ほとんど作物のない農地と凍りついた河川を見ながら感じた。

●ふたたび石と山城

高句麗の遺跡をまわる二度の旅行を通じて、中国の土の文化に関する考えが、多少変わってきた。中国の土の構築物は、むしろ当然のことであった。

たとえば日中共同琵琶湖・太湖湖沼科学研究会の報告（『陸水学雑誌』五〇、一九八九年）を見ると、このことがよく理解できる。琵琶湖北湖と太湖の底泥粒子を比較すると、琵琶湖北湖のそれはφ粒径で二〇〇μ前後であるのに対して太湖は一〇μ前後、太湖のほうがはるかに細かい。太湖の底泥は主に細かな粘土粒子からなり、琵琶湖のそれは砂粒が主体となっているのである。もちろん二つの湖の底泥だけで、両地域の土の相違を表現しうるものでないことはわかっているが、中国の土が日本の多くの土に比べてはるかに粒子が細かいものであるからこそ、築きかため、焼きかためた構築物が普遍的なものとなったと考えても、さほど的外れではないであろう。

中国の建築物が土だけであるというわけではない。北京の故宮でも敷きつめられた石があったし、巨大な木材も使用されていた。石は木ほどではないにせよ、建築用材としては土よりも貴重なものであることも否定できない。長春や瀋陽でも、このことは変わらなかった。

しかし、高句麗の地を南下するにつれて、この状況は大きく変化していった。

最も大きな変化は、石の比重の増大である。集安の将軍塚・好太王碑・国内城の城壁など。ピョンヤンの大城山城や平壌城（長安城）の城壁・徳興里古墳や江西三墓の石室・東明王陵の石積み、さらに恭愍王陵の石像・満月台の階段と礎石、これらは高句麗の構築物の中で、石が基幹的なものであったことを如実に物語っている。大同江のほとりに建てられた一七〇mの主体思想塔もまた、二五五五〇個の石材からなると聞いた。高句麗だけではない。慶州の天馬塚も、半月城の石氷庫も、仏国寺の階段や石塔も、石であった。扶余の平済塔も、水原の城門や城壁も、ソウル郊外の南漢山城の城壁も、壮大で精妙な石造物であった。朝鮮半島は、まさに石の文化である。

南下するにつれて、石とともに、木の比重も、わずかながら重くなっていくような印象も受けた。少なくとも、中国の山東省や山西省や東北地方では、一般の農家に木材が使用されていることは、ほとんどなかったように思えるが、集安に向かうにつれて、木造の家屋が多くなっていった。この地域には、包米楼と呼ばれる木造の倉庫もあちこちに見られ、燃料としての木も家の形に積まれていた。瓦屋根をもつ白壁の農家とともに、高句麗の地を南下するにつれて、次第に日本へ近づいているという、なにかしらなつかしい感覚にひたっていた。

この懐かしさは、山が多くなっていくということとも通じるものであった。長春の大平原をみなれてきた眼には、車窓に近い山が新鮮であった。高句麗の地には山がいたるところに存在している。新羅も百済もそうであった。特に山に囲まれた奈良盆地で生まれ育った私にとって、山が近在している朝鮮半島の地形は、ごくごく身近に感じられるものであった。朝鮮半島の約八〇パーセントは山である。

しかし、朝鮮半島の地形が日本と同じであるかと言えば、けっしてそうではない。川が違うのである。鴨緑江や大同江は大河であった。列車で渡った清川江も大きい川であった。韓国の漢江も洛東江もそうであった。これらの朝鮮半島の河川に比べると、日本の河川は小規模である。鴨緑江の流長は八〇三㎞と言われる。対して、あくまでも幹線流路延長距離のデータではあるが、日本最長の利根川でさえ三二二㎞、古代畿内の背骨をなしていた淀川などは現在八三㎞しかないのである。

単に川の長さだけではない。流量の点でも、朝鮮半島の河川はきわめて豊かである。その上を航行した鴨緑江は、豊かな深い緑の水に満たされていた。大同江も清川江も漢江も洛東江も、いずれも滔々たる流れという表現にふさわしい川であった。

年間降水量のデータを見れば、大阪は約一四〇〇㎜、上海は約一一〇〇㎜、南京は約一〇〇〇㎜、済南は約七〇〇㎜、北京約六五〇㎜、太原約四五〇㎜、長春約六〇〇㎜、江陵約一三五〇㎜、仁川約一一五〇㎜である。大阪のほうが降水量の点ではうわまわっている。しかし、ともに年間降水量が千数百㎜であるにもかかわらず、朝鮮半島の河川が、日本の河川に比べて、はるかにふところの深い大河であることを、もっと重視すべきではないだろうか。これらの川と比較すれば、古代日本の都城が多く建設された奈良盆地や京都盆地の川は、どれもが短くて痩せたものである。この両者の違いは、古代都城を考える上で、実は非常に大きな意味をもっているのではないか。古代朝鮮も古代日本も、ともに河川の近くに都城を建設するという発想をもっていた。両者はともに、都市の周濠としての河川利用を基本的な理念として採用した。にもかかわらず、前者は水制御が困難な河川であり、後者は流路の付け替えさえ可能な河川であった。このことが両地域の都城の形態に決定的な相違を生むことになったのではないか。

この河川の規模の決定的な違いは、数年後の渤海での経験で思い知ることになった。このことについては後述したい。

7 東アジアの都城遺跡の面積と形態

いまから考えればいささか傲慢であったと思う。中国と朝鮮半島の都城遺跡をめぐる旅をしたことによって、東アジア世界の大要は見えてきたと思っていた。そこで東アジアの都城を俯瞰することを考えはじめた。要するに、細部にこだわることをさけて、ごく表面的な都城の形態や規模を分析して考察してみようと試みた。この結果は、一九九〇年に論文にし、またその後の韓国調査などをもふまえて中国で開催された国際会議でも発表することができた。東アジア世界に建設された都城にはさまざまな形態があること、しかもその規模は意外な意味を有していることなどがわかってきた。

1 都城遺跡の計測

●東アジア全体で考える

東アジアの都城に関する研究は多い。私も、日本の古代都市について、城壁の有無、周濠の有無、中国式羅城や古代朝鮮式山城、あるいは四神の思想などを、主たる鍵として検討を重ねてきた。しかし、既往の研究や報告書によるかぎり、東アジアの都城やそれをめぐる様々な事象をどうしても実感的に理解できないということに思いいたった。そこで、これまでに書いてきたように各地の都城遺跡を巡る旅を繰り返した。先に書いたような旅の折々の印象は、あくまでも、きわめて主観的な直感ではある。しかし、少なくとも私にとっては、拭いがたい心象となってしまった。

このような印象を通じて、いままで日本の研究者は、あまりにも具体的な細部にこだわりすぎてきたのではないかと思うようになった。たとえば都城における道路網のありかたの相違や道路の名称、あるいは門の名称など、中国や朝鮮半島と日本のそれとの比較をする際に、その共通項や相違点をあげつらって、日本の古代都城の源流は何に当たるのかというようなことに論点を集中してきた。これではかえって本質を見逃すことにつながるのではないか。風土が決定的に違う以上、もろもろの構築物の材料も違うし、その形も異なる。その結果として、具体化された都城の形態が異なるのは当然のことである。しかも広い中国にとってみれば、遠隔地にある日本などは辺境の一部でしかなく、中国のどの都城がその辺境地域に影響を与えているのかというようなことなどは、誰も意識しなかったはずである。

とすれば、日本という立場を離れて、東アジア全体を、ごく単純な基準でもって比較する必要があるのではないか。いいかえれば表面的な単純なことがらを検討することによって、かえって本質的な事柄が見えてくるのではないかと考えた。

そこで、東アジア世界の都城の規模や形態という単なる数値や単純な平面図として比較できることを主軸として、検討することにした。

この際、いわゆる歴史的都城という名称がふさわしい首都クラスのものだけではなく、中国の比較的新しい都城や小規模な都市も対象とすることにした。というのは、日本ばかりでなく東アジアの都城を考える際、従来はどうしても唐代以前の比較的大規模な都城についてのみ考察されることが多かった。しかし、都城の理想型である周礼型都市の完成時期は、必ずしも古いとは限らず、むしろ地方の都市に多くの周礼型都市が認められるという事実を考慮に入れれば、より新しい都城や、都城の名にはそぐわないローカルな都市をも、視野の中に含めなければならないと考えたからである。また、できるかぎり日本の都城を主軸にすえることを避けるように努めた。

古代の日本は、あくまでも東アジアの一地方でしかないとの印象が、強く残っているからである。

そこで中国・朝鮮・日本の都城遺跡の図を集めることからはじめたが、これが意外にも大変なことであった。もちろんのこと対象としたい都城については、精密な図面も発表されていることが多い。しかし私が必要とするのは、こまかい道路名などの記載よりも、縮尺や方位が正確に記入されている図面である。ところが、縮尺や方位記号が記入されていない図面の多いことに驚いた。私などは、縮尺と方位記号が記入されていない図は意味がないという教育をうけてきた。しかし歴史学者の手になる本に収録されている図には、記入されていないものがきわめて多かった。考古学者の執筆による本でさえ、欠如しているものが散見された。

結果から言えば、建築学者の手になるものが、最も信用のおけるものであったように思う。いずれにしても、先に述べた堀内さんの蔵書などに頼って集めた「使い物になる」都城の図は、約一〇〇ヶ所になった。

●東アジアの都城を測る

縮尺や方位記号にこだわったのは、細部を省略して都城全体の「形」を考えてみたいと思ったからである。大きな面積の都城と小さな都城では、根本的に異なるであろう。また東西南北がどのように意識されているのかということも、やはり重要な要素ではないか。このような予測から、一〇〇ヶ所ほどの事例について、面積などを計測することにした。

具体的には、都城の名称と時代、都城全体の面積、城壁の長さ、都城全体の形態、正方形にどれだけ近いか、東西と南北の長さの比率、中軸線の方位、宮城の位置と面積などを調べたわけである。面積については自動面積測定器（デジタイザー）を利用して計測した。

実はこの作業は、はじめてではない。奈良県内の前方後円墳の面積を計測した経験があった。野間晴雄さんや藤井正さんにコンピューターのことを教えてもらってなんとかデータを作成・分析することができた。そのときの記憶をたよりながら整理・分析したといえば格好がよいが、やはりこのときも多くの人に教えてもらうことになった。

いずれにしても苦手な数値データを集約して得られた結果は、すくなくとも私にとっては興味深いものであった。しかし、その内容を本書でくわしくのべることはさけたい。興味のある方は『人文地理』（一九九〇年、四二巻五号）や『日本古代都市研究』（一九九四年、古今書院）をお読みいただきたい。

●東アジアの都城を俯瞰すれば

しかしその概要を記しておく必要はあるだろう。以下のようになる。

まず東アジアの都城には、規模（面積）からするとランク差が存在する。いいかえれば階層が認められるということである。ようするに都城の規模は、大きいものから小さいものへなだらかなカーブを描きながら推移するのではなくて、最も大きいグループとその次に大きいグループの間には明確な落差あるいはギャップが認められるということである。私は、いちおう五段階の階層に区分することができると考えた。

ところがこのように階層区分をしてみると、大帝国の首都は大規模であることはあたりまえのこととして、意外なこともわかってきた。それは隋や唐時代以降の都城についてみると、大規模な事例と小規模な事例の両極分解が認められるのである。また日本と新羅の都城は、その国力と比較すると、いわば身分不相応なまでに大規模なものであることもわかった。さらに規模から考えると、もし日本の藤原京が岸俊男説の藤原京だとすれば、藤原京の源流と平城京の源流は、区別して論じるべきであることにもなる。また都城の面積と宮城の面積は、一般的にいうと相関しているが、隋・唐と宋は逆になる。

南北と東西という観点からすると、全体として南北軸が重視されていることは間違いがない。大規模で整った都城ほどこの傾向が強く、正しい南北軸を設定している。しかも南北と東西の長さについては南北のほうが長い都城が多くて、南北軸の優位性と符合している。しかし、都城と宮城は、逆志向の原理を有しているように思われる。どういうことかというと、東アジアの都城は原則として、正方形を志向していると考えるが、都城全体が明らかに南北に長い場合は、それを補うかのように宮城地区が東西に長くなるという傾向が認められるのである。

さらに続けると、高句麗と百済の都城は、河川や山を取り込むことによって不整形な（正方形や長方形という方形ではなくたとえば卵形のような）形態の事例があることもわかった。これなどは山城の伝統と河川の大きさが影響していると思われる。

日本の平城京や平安京などの都城になじんできた日本人にとっては、宮殿地区は中央部の北に接した位置におかれるのがあたりまえであるという認識がある。しかしこれなどは、中国では一つの型式でしかない。たとえば唐の長安などは中央北部に宮城がある。ところが東アジア全体としてみると、中央北に接した位置に宮城が設けられる場合と、都城の中央部（真中）に設けられる場合の二型式がある。このうちの後者は、周礼型都市が基本となっていると考えてよいであろうが、典型的な周礼型都市は、実は後世になるほど出現してくるものであって、それもきわめて小規模なものが多いということも指摘できる。もっと言えば、元や清のような異民族による王朝の地方都市に多くの事例が認められる。また元代以降は、上記の二型式の折衷型式が周礼型都市を基盤として出現してきたということも想定できるのである。

2　遼寧大学での発表

●深夜の瀋陽へ

一九九三年九月の北京空港。若い男性が私の名前を書いた紙を持っている。ほっとしてかけよったものの、どうも話がおかしい。彼は、遼寧大学の教授の指示で来たと言う。ところが私は別途、北京の旅行社に半日観光を依頼していた。二人でさがしはじめたら、雑踏の中で必死に私の名前を読んでいる若い女性がみつかった。

いいわけがましいが、選択の余地はない。実は北京と瀋陽の往復搭乗券は彼女が持っているのである。ようするに日本の旅行社で申し込んだ時点で、やや複雑な事情となっていた。というのはこれまでの中国旅行で添乗をつとめてくれた横田篤氏に手配をお願いしていた。その際、今回の旅は一人旅になること、瀋陽でのホテルは遼寧大学のほうで用意してくれるはずであるが、到着した日は会議の前日であるからこちらで予約しなければならないこと、しかも北京ではその前後に時間があまってしまうので一般の旅行者が行かないような所へ案内してくれるように旅行社のガイドを申し込みたいこと、などを説明していた。それゆえ、北京までの飛行機は日本の旅行社、北京と瀋陽の往復と瀋陽一泊目のホテルは北京の旅行社、瀋陽滞在中は遼寧大学という三者によって各種の旅程が分断されていたのである。

ところが気をきかせた遼寧大学の馬興国教授が、北京在住の教え子に出迎えるように指示してくださっていた。切符のダブルブッキングということはままあるが、このときは案内者のダブルブッキングということになる。どちらを選択するかというような事情ではない。もしも女性の方を断れば、彼女は仕事を放棄したことになって会社からしかられる。私にしてみれば飛行機の搭乗券を入手することができない。そこで出迎えてくれた男性に事情を説明、謝罪して、旅行社の女性と半日を過ごすことになった。

ところで今回、中国に来たのは、関西大学の末尾至行教授から「国際交流センターからこんな話があるけど、君、どう?」との話があったからである。私が関西大学へ籍をおくようになって三ヶ月くらいのころであった。聞けば、関西大学と遼寧大学は姉妹校提携をしていて、秋に瀋陽で開催される国際シンポジウムに教員を派遣して発表する必要がある。せっかくの末尾先生の推薦であるから、「新任の僕でよかったら行かせてもらいます」と返事をした。

返事をしたものの不安である。いままで中国へは何度か行っているが、いずれも団体旅行であった。すくなくとも初期の段階では、遺跡を調査・見学するための個人旅行は設定されていなかったのである。したがって中国一人旅なるものを経験したことはない。しかも、列車の変更や飛行機の遅延はおろか宿泊地の変更さえしばしば経験していた。そのたびに中国での一人旅は自信がないなあと痛感してきた。しかし、地理の教師の看板をかかげている以上、一人旅が不安ですからとは言いにくい。案の定、なかなかにスリルに満ちた一週間であった。

彼女と北京の各所で、のびやかな半日をすごしたまではよかった。「北京の休日」というようなロマンチックなものではなかったが、それなりに健康的で充実した半日であった。ところが、彼女と別れて、瀋陽への飛行機を待つようになってからが大変であった。いくら待っても搭乗案内はない。二時間以上が過ぎて、北京は午後九時をまわった。空港の職員に聞いても、いまひとつ事情がわからない。そのうちにホワイトボードに書かれていた瀋陽行きの記載が消されてしまった。欠航か、それとも知らないうちに出発してしまったのかと冷や汗を流して周辺の人を見ると、私と同じ便の搭乗券を胸のポケットに入れた男性がいた。手まねで一緒かと問うと、無愛想な表情ながらうなずいてくれた。その男性を見失わないようにトイレにいくのも我慢して待った。ざわざわとした空気になってその男性が動き始めたので後ろへついた。そのようにして乗った飛行機が着いた瀋陽空港は深夜になっていた。

とっくに出迎えの人は帰っただろうと思いつつ空港を出る。暗闇の中から私を呼ぶ声が聞こえた時は、深い溜め息をついた。真っ暗な道路を自動車で走り、ようやくにしてたどりついたホテルの部屋で缶ビールを飲んでいると、フロントから「あなたは予約していないでしょう」という電話があった。「そんなことはない、日本の旅行社と北京の旅行社によってこのホテルに予約している。でなければ旅行社の人が空港に迎えに来るはずがないではないか」と言った。言ったと表現したが、互いに不完全な中国語と日本語と英語をまじえてのものであるから、これだけでも多くの時間が経過した。しかもホテル側は承服しない。「あなたは予約していない」の繰りかえしである。「でも、ホテルのフロントでは、さきほど受け付けたではないか。疑問点があるなら、日本の旅行社へ問い合わせるべきである。それでも疑問なら遼寧大学の日本研究所へ言ってくれ」と強い調子で言ったつもりであるが実際のところは、どのように解釈されたのかわからない。ともかくもガチャンと電話が切られて、無事？　朝を迎えることができた。

●遼寧一人

シンポジウムの会期中も、不意打ちの迫力に驚かされつづけた。当初の予定では、二日目の分科会で発表することになっていた。ところが、いきなり初日の全体会議での「御講演」となってしまった。まえもって配布用のレジュメを送っており、すでに遼寧大学の手によってコピーは整っていたし、発表の原稿も作っていたからことなきをえた。もちろん発表は中国の先生の通訳を介しておこなったが、通訳をしていただいた先生にとっても、初日の発表とは思っておられなかったから、さぞかし大変なことであったろうと思う。発表の内容は、先に記した東アジアの都城に関する分析に加えて、中国東北地方には数多くの高句麗の山城が存在しているので、高句麗文化の研究をより重視しなければならないであろうということであった。

この発表が翌日の分科会で、物議をかもした。ある中国の学者、それもいわゆる大物の先生が、私の発表に対して激しい拒否反応を示された。中国東北地方における高句麗文化の重要性を指摘したことが原因であった。「高橋教授は、この地域における高句麗の影響を主張されたが、それは間違いである。中国においても山城は固有のものとして存在するのであって、高句麗のものとしてとらえるのはおかしい」と反駁された。それに対して、「そうはおっしゃるけれど、高句麗においては山城が存在したことは事実である。また新羅や百済においても山城はひとつの大きな特色として認められる。私はむしろ新羅や百済に対しても高句麗の山城の影響をもっと強調すべきではないかとも考えている。さらに言えば、現在中国の領土となっている東北地方の一部がかつて高句麗に含まれていたことも事実である。現に中国の集安には高句麗の都城が建設されたではないか。しかも中国東北地方に高句麗式の山城が多く存在していることは、すでに何人もの研究者が指摘しているではないか」と反論をした。

これはやっかいなことになったなあと思いつつも、歴史的事実は事実であるから、安易に引き下がるわけにはいかなかった。結局のところ会議では両者の主張が並行して終わってしまった。会議が終わって部屋で休憩していると、北京のある研究所の教授が訪ねてこられた。その先生は少し日本語を話される先生で、「さきほどの某教授の反発は、私たちからみてもおかしいと思う。高橋先生に不愉快な思いをさせたことを申し訳なく思う。ことは領土問題にもかかわることであるからあのような反論を述べられたのだと思うが、なにとぞお許しいただきたい」と丁寧にお辞儀をされた。

翌日、バスで瀋陽とその周辺の巡検がおこなわれた。そのバスの中で中国の老先生が「私は、実は目が不自由で、高橋先生のレジュメを見ることができなかった。しかし発表の内容はよく理解できた。すばらしい発表で方法論も新鮮に思った。さらに某教授の反論はあきらかに誤ったものである。あなたのほうが正しいと思う」と言ってくださり、私の肩を抱いてくださった。黄砂か煤煙によるのであろう、ものすごく大きな夕日によって、周辺が真っ赤に染まっていた。

それにしてもこの数日間は驚きに満ちたものであった。発表日が変更された以外にも、日本の総領事主催の宴席に招かれるということがあった。いきなり車に乗ってくれと言われて会議をぬけだして下車したところが立派な潮州料理店であった。そこには総領事夫妻がおられて、メインテーブルにつかされた。会議の閉会式では、それじゃ関西大学代表の高橋先生からお言葉をと言われて急遽の挨拶をさせていただいた。あれもこれも予定にはなかったのである。しかし、それが全て遼寧大学の先生の好意に発しているものだから、文句などは言えない。ためらいを隠し、笑みを絶やすことなく、なんとか乗り切ったように思う。しかしとにもかくにも、貴重な体験であった。私の発表は、のちに遼寧大学の『日本研究』(六七号)に「東亜的都城與山城―以高句麗都城遺址為中心」と題して収録された。

それにしても疲れたなあと思いながら、北京空港に着いて、再び彼女の笑顔を見たときには心からほっとした。しかし、彼女の雰囲気は暗かった。ちょっと涙ぐんでいるようにも思えた。

「どうしたの。なにかあったの?」と問うと、「オリンピック開催でシドニーに負けました」と言う。心底からしょげている風であった。「今回はだめだったけれど、北京開催はいずれ実現するよ」と励まさざるを得なかった。彼女の純真な表情が、とても爽やかに感じられた。

8 渤海の都城

しばらくは中国旅行を控えようと思っていた。東アジアを離れて、ヨーロッパの歴史的都市を見に行こうとも考えていた。にもかかわらず、一九九一年に渤海の地を訪問することになってしまった。中国の黒龍江省で、思いもよらぬ豪雨に見舞われて、予定していた旅程は実現しなかったが、そのおかげで中国大陸の広さと、東アジアの風土は多様であるなあと実感することができた。さらに古代日本の都城を考えるには、従来ともすれば意識外におかれることの多かった渤海研究が不可欠であるということにも思い至った。

1　上海から牡丹江へ

●ちょっとかわったメンバーで

一九九一年七月の上海空港は、曇り、気温三四℃であった。中国国際旅行社の孫氏が出迎えてくれた。私にとっては初対面の人であるが、今回の団員の何名かとはすでに旧知の間柄。たがいに笑顔と握手をかわしあっている。人のよさそうな人物で背が高い。私たちのメンバーは一〇名という小人数であるから、日本の旅行社からの添乗員はつかず、孫氏が全日程を同行してくれることになっている。

今回のメンバーはこれまでの中国旅行とは異なる。実のところを言えば、ヨーロッパへ行きたいと思っていた。けっして東アジア世界に飽きたというわけではない。しかし、やっぱり限られた人生の時間と、限られた費用とを考えると、地理教師としては、一度くらいはヨーロッパを見ておかねばという一種の義務感にせまられていた。京都大学の水津一朗先生から、ヨーロッパを見ておいたほうがいいよということを、何度となく忠告されていた。滋賀医科大学の井戸庄三先生から、イギリスもいいぞと聞かされてもいた。ところが、またまた上海の地に立っている。

千田稔さんから声をかけられたのは、早春の条里制研究会の時であった。「いっぺん一緒に中国へ行こうか」。千田さんも中国へは何度も行っている人である。「えっ、また中国ですか」と、私は一瞬しぶった。ところが話を聞いてみると、なんと目的地は渤海の都城であるという。千田さんには学生時代からとことんお世話になっているし、以前に二人で計画していた中国旅行を中止した経緯もある。なによりも渤海の都城やものなあと即刻納得して、「行きます」と言ってしまったというわけである。理由などはどうでもいいことかもしれない。要するに、一度中国へ行ってしまえば中国病にかかってしまうという単にそれだけのことかもしれない。

メンバーは、千田さんのほか、朝日新聞編集委員の高橋徹氏、古代史の岩本次郎氏、歴史地理の木原克司氏、弁護士の米田泰邦・聿子夫妻、俳人の高須さん、元読売テレビプロデューサーの小吹氏、神戸市立博物館の国木田明子さんという、バラエティに富んだ、そしてなかなかに味わい深い一行であった。

●上海のスコール

上海の玉仏寺で大雨が降ってきた。中国は歴史的な大洪水の年で、各地で大被害が出ていることは日本の新聞で知っており、伝染病の危険も少しは感じていた矢先の大粒のスコールであった。例によって強い雨が降れば、道路はたちまち洪水になり、夕食をとる華僑飯店へは、仮にかけられた橋で入らねばならない。これまでいくたびとなく経験してきた中国の土の細かさに加えて、土木・建築工事のうちで決定的な弱点ともいえる排水技術の悪さに今回も会ったことになる。

翌日、蒸し暑い中を、道教寺院である白雲観へ行った。高橋・千田両氏はここ数年来、日本における道教の影響を研究しているが、そのことに関連した訪問である。上海の旅行社の人も場所を知らないというが、さすが両氏の執念によってたどりつくことができた。予定では夜の飛行機でハルビンへ飛ぶことになっているので、それまでの時間をつぶさねばならない。そこで、おきまりのガーデンブリッジ付近を歩いたのち、上海博物館を見学することになった。この博物館についいては考古学の人たちとなんどか来ているし、しかも彼らとのつきあいでもういいかげんにしておこうよというくらいの時間を費やしている。そこで明清時代の陶磁器に焦点を絞って見ることにした。陶磁器についての専門的な知識があるわけでもないが、さすがに景徳鎮のものは素晴らしいと感じた。これらに比べれば、日本の陶磁器はまちがいなく数段は劣るというか、いかにも田舎臭いという印象をぬぐいきれないと思った。ワビだのサビだのともっともらしく言いはするものの、それはいわば「負け惜しみの文化」と表現してよいものかもしれない。蓄積のない貧困さあるいは劣等感による開き直りと言えばいいすぎであろうか。魯迅の墓に詣でたのちに夕食をすませて、ハルビンへ飛んだ。天鵝飯店に入ったのは午後一一時過ぎであった。

●青空のハルビン

黒龍江省の省都であるハルビン（哈爾濱）は、北緯約四五・五度、「白鳥の首にかかった珍珠」とも「氷の城」とも呼ばれ、氷雪祭は多くの観光客を集める。松花江（スンガリ）河岸のスターリン公園につくられた防洪勝利記念塔の周辺には市民があふれている。雑踏の中には厚化粧の女性も多く、来るたびに中国女性のファッションや化粧が華美になっていくことを感じた。しかしそれはそれで別に悪いことではない。むしろ女性が美しく装うという、いわば当然のことさえ困難であった一〇年近く前の状況のほうが異常であったといってよいのであろう。

ともあれ、スンガリの流れは、さすがのものであった。この大河が、冬には完全に凍ってしまうというのである。零下三〇℃にまで下がることも珍しくはないという。黒龍江省博物館で渤海関係の遺物を見たのち、一一時三六分発の火車に乗った。私たちの席は軟座車であるが、どうも座席券が重複して売られていたらしい。孫さんはその調整におおわらわであったが、その際にも私たちに荷物番をしきりに依頼する。こういうことも以前には考えられないことであった。ホテルはもとより、駅でも荷物を盗られるなどということは夢想だにしないことであった。ところが、今回の旅行中、盗難に関する注意をしきりにうけることになる。中国もせちがらくなってきたなあとは思いつつも、しかし物を盗むという人間の宿痾が自由に（？）発揮される社会は、ある意味で健全なのかもしれないと思いつつ車窓の景観に眼をこらした。

米、大豆、ひまわり、ポプラ、杉、ロバ、赤牛、黒牛、石灰岩の切り出しなどに見とれているうちに、空は晴れわたった。鮮やかな深い青色の中に白い雲が浮かんでいた。北の空の色はきれいだなあとシャッターをきっていて、ふと下を見ると、どうもあちこちで小規模な溢水らしい徴候がめだちはじめていることに気づいた。水没している道さえある。この時は、さほど深刻にうけとめることはなかった。まさか降水量の少ない中国東北地方に洪水などがおこるはずはない、溢水はごく一部的なものであろうとたかをくくっていたのである。

2　渤海の遺跡

●渤海の上京龍泉府

牡丹江に到着したのは夕刻であった。中国国際旅行社牡丹江支社のマイクロバスに乗り、ホテルへ向かう。夜、雨が降りはじめた。渤海に降る雨か、雰囲気いいなあと思いながらベッドに入った。遠くからディスコの音が聞こえてくる。

翌日は、曇り。予定では牡丹江周辺の遺跡を見てから渤海の都城へ行くことにしていたが、どうも天気が悪くなりそうなので、先に渤海都城を訪れることになった。渤海という国は、八世紀から十世紀の初頭まで約二三〇年間続き、日本とも日本海を隔てて交流のあった国である。その版図は、東は沿海州を含んで日本海に面し、北は松花江・黒龍江、南は北朝鮮の咸境南道、西は契丹や唐に接していたといわれる広大なものである。しかし、史料が少ないということもあって、その実態はほとんど明らかにされてはいない。首都として五京があったといわれるが、そのうち西京鴨緑府と南京南海府の所在は明らかではない。しかし、上京龍泉府（黒龍江省寧安県）、中京顕徳府（吉林省延吉県）、東京龍原府（吉林省琿春県）の三京は遺跡が確認されているというのが定説である。今回の旅は、この三京の踏査を目的としたものである。

東アジアの都城の中で、渤海の最も主要な都城である上京龍泉府は、非常に重要な鍵を握っているような気がする。日本の都城の源流が唐の長安であるという古くからの定説に対して、いやそうではない、平城京の前の藤原京の源流は、北魏洛陽城であるとする岸俊男説をはじめとして多くの説がとなえられている。しかし、私はこのような議論において、平城京と藤原京の源流は、いちおうは切り離して考えたほうがいいのではないかと考えている。唐の長安と平城京との共通性は、いかに考えても否定しがたいのである。渤海の上京龍泉府も、完全に唐の長安型の都城であり、中央北に接して宮城があり、その北に一種の禁苑があり、都城東南のコーナーに池があるなどの点で三者はきわめて類似している。もちろん三者の間には相違点もある。これらの面を比較・検討するために、ぜひとも渤海上京龍泉府を実地に見たかった。

あえて言えば、個人的興味を離れて言っても、渤海ブームが近いうちにおこると思う。環日本海、環太平洋という視点が、よりいっそう注目を集めるようになることは確実であろう。そのような中で、まだ未解明の部分の多い渤海の歴史は、領土問題をも含めて関心を集めることになるであろう。すなわち、渤海と漢民族との関係、女真族との関係、高句麗をはじめとする朝鮮族との関係は、いかなるものなのか。その次第によっては、現在の中国や朝鮮民主主義人民共和国や韓国やロシアとの領土再編成という微妙な問題にも発展する可能性を秘めていると考えられるからである。

なにはともあれ、バスは、二時間足らずで寧安県東京城鎮に着いた。おりあしく、大雨になっている。この時期、この地域は梅雨の真っ最中であると聞いて、中国東北地方にも梅雨があるのかと驚いた。

まず、都城の東城壁を見た。基底部幅約三〇m、高さ三m前後、上部幅五m前後の城壁が残存している。城壁の東側すなわち城外は少しばかり低いが、さりとて周濠があったと断定しうるほどのものでもない。城壁は泥炭質の土による版築で、熔岩が所々に散在していることから考えると、基底部は石によって固められていたのかもしれない。いずれにせよ華北や華中の黄土による版築城壁よりは、強度の点でかなり劣るように感じられた。雨がますます強くなってきた。

地元の招待所で昼食をとっていると、営林局の局長が来て挨拶をされた。中国は一九四三年以来の水害であるが、牡丹江の場合は一九六〇年以来の水害であるという。これから被害がひどく

渤海上京龍泉府の宮殿跡

宮殿の基壇が残っている。これなら発掘しなくても建物配置がわかると思った。

なることが予想されるので、自分たちは被害状況を視察しに行くが、それをかねて、私たちを案内しようとのこと。興隆寺へ行って、渤海関係の展示物を見学、渤海時代の石灯籠も見たのち、龍泉府の宮城へ。午門をはじめとして、第一殿から第五殿までの基壇がみごとに残っている。回廊の跡も、長廊の跡も、井戸も、禁苑も残っている。宮城と都城の城壁もそのほとんどが残存しているらしい。ひどい雨になってきた。車軸を流すような土砂降りの雨である。雨の中、営林局の人達に若干の水害見舞い金を贈呈して、牡丹江の北山ホテルにもどった。

●**牡丹江の洪水**

翌朝、窓の外は小雨になっていた。当初のスケジュールでは、昨夜は寧安に泊まり、以下、東京城、延吉、琿春へ南下することになっていた。しかし、大雨のため、急遽変更して昨夜は牡丹江に泊まり、今日も牡丹江の周辺を見てから火車で南下することになっていた。

ところが早朝、孫さんから高橋徹さんと私の部屋に電話があった。南下する火車は鉄道が各地で寸断されているため運休していること、このままでは延吉までたどりつけなくなる可能性が強いから、瀋陽まで飛行機で飛んで、そこから延吉まで飛行機でという案がだされた。しかし、飛行機の座席の確保はむつかしく、たとえ瀋陽まで行けたとしても延吉までの飛行機に乗れないかもしれない。そうなれば、延吉、琿春すべてを、要するに渤海のほかの二京を見ることは完全に無理となってしまう。そこで千田さんも交えての相談で、まだ運行しているハルビン経由の長春行きの火車に乗って長春へ行き、そこから延吉まで飛行機で飛ぶのが一番確実だということになった。孫さんは長春出身だから長春にはいろいろのコネがあり、飛行機の座席確保には自信があるという。

そこで一〇時五一分発、長春二一時五〇分着予定の火車に乗るために、駅に行った。急な変更のために、私たちには座席がない。ともかくも硬座車にもぐりこんではみたものの、どうも私たちは外国人であるからという理由で、無理やりに座席を譲ってもらったらしい。周囲の人達の視線がなんとなくけわしいように感じられる。ホテルで知り合ったドイツの考古学者一家も座席の確保にやっきになっている。蒸し暑さの中で発車を待っていると、孫さんがニコニコとして「さ

牡丹江の駅で
運休が決まったから乗務員の女性は仕事から解放されたことになる。

あ、荷物を持って軟座車へ移動しましょう」とやってきた。いったいどうなってるのかわからぬままに、人ごみをかきわけて軟座車へ移動。どうやらまたまた中国の人の座席の権利を奪ってしまったらしい。孫さんやりすぎだよ、申し訳ないよなどと言いつつも、正直いってほっとして発車を待つ。食堂車で昼食ののちも火車は動かない。「こらあかんで。きっと運休やで」という私に、ほかの団員は「大丈夫や。高橋さんそんなに牡丹江好きやったら、一人で残ったら」などと言う。午後四時前、線路水没のため本日は運休とのアナウンスがあった。明日には復旧するだろうとのことである。

翌朝、三度目の牡丹江の朝は晴れていた。例によって、まず硬座車に乗り、そして軟座車に移動。火車は定刻に発車。しかし、一〇分ほど走って停車した。しばらくして後戻り、牡丹江の駅に再び着いたのは一一時二五分。「まるで牡丹江へ帰れという思し召しや。こうなったら一生ここで暮らすこと覚悟したほうがいいのとちがいますか」といって、みなからアザケリの笑いを受けたのは、申すまでもなく私。

冗談を言いつつも事態を聞いてみると、やや深刻である。現在、黒龍江省における鉄道寸断箇所は七八、いたるところで道路も水没したり橋が落ちたりして、通行不可能になっているという。橋の下の道を利用して走っていたマイクロバスが、押し流されてしまい、乗客はすんでのところで脱出したという事故もあったらしい。しかも、今はまだいい。これから一〇日くらいたてば上流からの大水が流れてきて、大洪水になることが予想されるという。

この時、つくづくと中国大陸の河川の大きさに感じ入った。日本などでは、大雨のあと一〇日も経ってから洪水が拡大するなどということは考えられない。このあたりにも都城プランにおける彼我の違いがあると、決定的に思い知らされた。中国においては、黄河や長江はもちろん他の河川も、実質的に制御することなど、古代はもとより現在の技術をもってしても不可能であるのではないか。

もうここまできたら、ヤケクソで宴会でもやろう、それも私たちだけでなく、何日もお世話になっている牡丹江支社の人を招待して、と衆議一決した。孫さん、早速その手配をすると言う。そこで牡丹江の周辺を見てまわることになった。牡丹江とその支流である海林河の合流点にある龍頭山古城の所まで行ったが、渡し船も運休で遠望するのみ。川の水は、こころなしか昨日よりも増しており、まさに濁流渦巻くという状況である。電線も電話線も浸水していて、通信も各地で途絶しているらしい。

宴会場につくころ大きな虹がかかっているのを見た。溜め息をつくほどの、美しい虹であった。洪水の恐れとはうらはらな虹であった。

一泊だけの予定であった牡丹江の四泊目の夜が明けた朝は、晴れわたっていた。一時は、飛行機をチャーターすることも考えたが、水害対策を督励するため現地にきていた黒龍江省の副省長がハルビンにもどるための臨時便が飛ぶことになった。このことは昨夜おそくに伝えられ、私たちも便乗させてもらうことが決まっていた。しかし、空港までの道路が通行できるかどうかはわかっていなかった。朝になって、どうやら可能ということが判明し、もう一度、水量の増した牡丹江に別れを告げてから空港に着いた。

空港でのチェックは政府の要人が乗るので、ことのほか厳しいものであった。写真撮影も禁止。四八人乗りのプロペラ機で、一時間でハルビンに着陸した。あらためて考えれば飛行機という乗り物は怖いものであるが、この時のフライトは安心感に満ちたものであった。低いところを飛んでいるし、おまけに下には大平原、いざとなればいたるところが飛行場のようなものである。

後日談になるが、世の中というものは狭いということを実感した。牡丹江からハルビンまでの飛行機には、先に述べたドイツの考古学者も同乗していた。彼は両親とともに牡丹江を訪れていたのであるが、洪水には勝てずに私たちと一緒の飛行機で脱出したのである。高齢の両親に対するいたわりの態度が好ましい青年であるなあと私たちは感心していた。ところがこの数年後、千田さんの主催になるシンポジウムが国際日本文化研究センターで開催された。そのときの懇親会の席上、木原克司さんが「高橋さん、あの外国人、どこかで会ったと思わない?」と言う。二人で話しているうちに牡丹江の青年であることを思い出し、彼に確認するとまさにそうであった。千田さんや高橋徹さんもまじえておおいに盛り上がったことは言うまでもない。

●ハルビンと長春

せっかくハルビンに戻ってきたのであるから、金国の上京会寧府へ行くことになった。金は一二世紀から一三世紀にかけて発展した国で、北京へ進出する前の都城が上京会寧府である。現地へ到着して驚いた。当時の城壁も門跡も宮殿の基壇も、地表上にみごとに残されているではないか。布目瓦も無数に散布している。紀元前の遺構が地表上に残されている例がいたるところにある中国では、一二世紀といえばごくごく最近のことであり、遺跡が残っていると大騒ぎするほどのことはないのかもしれない。しかし日本では、わずか数十年前の景観さえ、あとかたもなくかき消されてしまっているではないか。

金の上京会寧府

中国では新しい遺跡とは言っても、日本の平安時代末期から鎌倉時代に相当する城壁がむきだしで残っている。遺跡というより日常的な生活の舞台である。

しかもその遺跡の中では、周辺の住民が、耕作をし、牛や鶏を飼っている。宮殿地区の樹木につながれた何頭もの牛が草を食べている横で、話に興じている青年や少年。遺跡の上に生まれ、その上で日がな一日耕作をして牛とたわむれ、時間に追われることもなく、そしておそらくは遺跡の上で死んでいくであろう彼等にとって、都会の華やかさは永遠に見果てぬ夢であるかもしれない。しかし、そのような一生こそが、本来の人間の一生なのではあるまいか。都会の毒に染まってしまった私などには、とても耐えられない一生なのではあろうけれど、耐えられないということ自体が、せっかく人間に生まれてきた醍醐味を自ら放棄していることなのであろう。柄にもなく、考えこんでしまうような情景であった。

ハルビンの同じホテルに泊まった翌日も晴れた。火車で長春へ向かった。あちこちに水没している光景が見られる。延吉と琿春へ行くのは、もう完全に無理となったが、金の都城も見たかっただけに、それほどのマイナスではない。四時間たらずで長春に到着。書店や般若寺をまわって着いた長白山賓館は、三年前にも宿泊したホテルであった。

翌日も晴れた。長春市内をまわる。博物館・偽皇宮・革命博物館・地質宮と、まあ言ってみればお決まりのコース。地下百貨店街がおもしろかった。長春も急速に変わってきている。少なくとも都会は、もはや完全な資本主義の世界である。

翌日は曇りのち晴れ、三三℃で暑い。映画撮影所を見学した。はずかしいことに、ここで迷子になってしまった。広大な構内で団員とはぐれてしまったのである。どうしようかと、冷や汗をかいたが、なんとか筆談で仲間たちと遭遇することができた。

告白すると、筆談というものはむつかしいものである。迷子になってあせっていたこともあって、撮影所の人にどのように書けば私のピンチを理解してもらえるのかがわからなくなった。そこで「我孤立。吾団何処」と書いた。不思議なことに通じてサイドカーに乗せてもらって団のバスまで送ってもらったのである。メンバーからは、偽皇帝にちなんで「迷子の偽教授」とひやかされた。

大阪空港に着いたら、娘たちが、〝研究で疲れたお父さん〟を迎えに来てくれていた。翌日、牡丹江と姉妹都市提携をむすんでいる大津市役所の国際交流課へ行って、水害状況の説明をして救援の依頼をした。

9 琉球の都市と村落

東アジアの都城遺跡に関する論文をまとめ終わったころ、今度こそヨーロッパへ行こうと思っていた。一方では、古代日本なかでも大和の歴史的景観をじっくりと考察してみようという気持ちにもなっていた。ところが「自分にとっての東アジアはまだまだ完結していない」ということに思い至った。たしかに日本と朝鮮半島と中国を結ぶ帯は、一応はつなげて考えることができたが、それはあくまでも日本海と対馬海峡と東シナ海の北部に限られた環でしかなかった。琉球や中国の華南地方の環はまだ完成していない。一九七〇年に台湾を旅行し、一九七四年には沖縄へ渡っていたにもかかわらず、研究対象として検討することを怠っていた。文字通り「看過」していたのである。恥ずかしいことであった。南西諸島すなわち琉球には、これまで見てきた事例とは異なる都市や村落プランが建設されていた。中国の中北部の「土の城壁」、朝鮮半島の「石の城壁」、日本の「水の城壁」とは違って、そこには「森林の城壁」とでも言うべき亜熱帯の景観が展開していたのである。しかもその地域に建設された都市や村落は、日本の方格プランとは異なる円形のプランであった。

1　首里城下町と唐栄久米村

●琉球への傾斜

東アジア世界の都城遺跡やそれに関連する遺跡をまわってきた。ところが実のところを言うと、大好きではあるけれど研究対象としていない地域があった。沖縄である。

沖縄に初めて行ったのは、一九七四年である。新婚旅行であった。このときはすでに京都大学文学部で助手をしていたから、いちおうは地理の教師となっていた。地理の教師である以上、未知の地域を訪れる際には地形図をもっていくのが常識である。しかし、あえて地形図はおろか一般的な地図さえも持って行かなかった。気障な表現になるが、新婚旅行に勉強はもちこまないでおこうと思ったからである。そのためもあってか、この数日間の妻のなにげない仕草や表情、さらに服装までを覚えている。

それから二〇年が経過して、娘たちも大きくなった。二〇周年であるから家族で沖縄へ行こうということになった。亜熱帯の風土に見入っているうちに、この地が好きになっていった。以後、妻や娘たちもそれぞれその対象は異なるが、大好きなものを発見し、毎年のように沖縄の島々を訪れることになった。

それでも研究対象とするのは意識して避けてきた。家族が共有する空間と時間を大切にしたかったからである。今度は石垣島へ行こう、次は宮古島へ行こう。そこではあれを買って、あれを食べよう、というような観光旅行を楽しんでいたのである。

しかし人生というものは甘いものではないことを思い知らされることになった。一九九八年、大きな病気をしてしまった。一ヶ月ほどの入院を余儀なくされて、命には限りがあるというあたりまえのことを噛みしめることになった。病院のベッドで、太陽の降り注ぐ沖縄へ行きたいと思った。そして、沖縄のことを調べてみたいとも思った。せっかく地理学をやっているのだから、楽しんでばかりいるのは申し訳ない、自分のできることで沖縄に恩返しをしたいと痛切に感じた。

幸いにして退院することができてまもなく、関西大学東西学術研究所の共同研究員に加わることになり、東洋史の藤善眞澄教授と松浦章教授から、中国と琉球と日本の比較を、歴史地理学の立場から調べることを要請された。

●首里と久米

それまで琉球を研究対象として見たことなどなかったから、いったいどこから手をつければいいのかと迷った。幸いにして吉川博也氏の『那覇の空間構造』(沖縄タイムス社、一九八九年)があることを知ってさっそく購入すると、吉川氏と田名真之氏が復原された「首里古地図」が挿入されていた。吉川氏の考察はみごとなものであったが、古地図を大縮尺の正確な地図上に復原されてはいないことに目をつけた。首里城下町の復原模型を作製された福島清氏に確認しても、二千五百分の一レベルの地図上での検証はされていないということであった。

そこで首里城下町を実際に見てまわろうと考えた。言うまでもなく首里は第二次世界大戦で壊滅的な打撃を受けた地区である。しかし現行の地図と古地図を照合してみると、意外にも昔の古道は残っているらしい。ホテルに備えられた電動アシストの自転車で古道をたどり、写真に撮った。暑い日であったが、夕刻に家族とおちあって飲むビールを楽しみにまわった。

帰宅してから、「首里城下町の復原図」と「首里古地図の復原図」を作製した。それをもとに検討してみると、首里城下町は、多核的プランを有していること、方形の区画もあるけれど円形や楕円形の道路と区画が存在することを知った。条坊制や条里制の方格地割の景観の中で育ってきた私にとっては、新鮮な驚きであった。

これらのことを一本の論文にまとめ終わって、東西研の例会で発表した。そのおりに同じ教室の橋本征治教授から、多核的プランと地形の起伏の関係を検討したらおもしろいのではないかというアドバイスをもらった。そこで二千五百分の一地図で等高線をたどるなどして再検討することにした。首里は琉球石灰岩の台地であるが、ずいぶん起伏もある。この地形については木庭元晴教授に教えてもらった。

そうこうするうちに首里はまさしく中国から伝来してきた風水思想と琉球独自の地理観によって建設されたことがわかってきた。これもまた一本の論文にした。

このころになると琉球史に関する基礎知識もある程度は蓄えられてきて、那覇市の海岸近くに作られた唐栄久米村の重要性も理解できるようになった。中国から渡来してきた人たちによって、先進的な知識や学術の発信基地となった地区である。このように琉球史のうえではきわめて重要な地区であるにもかかわらず、戦後の都市計画によってかつての面影は完全に抹消されてしまっている。しかし田名さんの教示によって、高齢者の記憶によって作製された図面があることを知り、他の史料や米軍撮影の空中写真などを利用して、唐栄久米村の景観を復原した。その結果、唐栄久米村は、人工的に創出された「風水の集落」であることを明らかにすることができた。

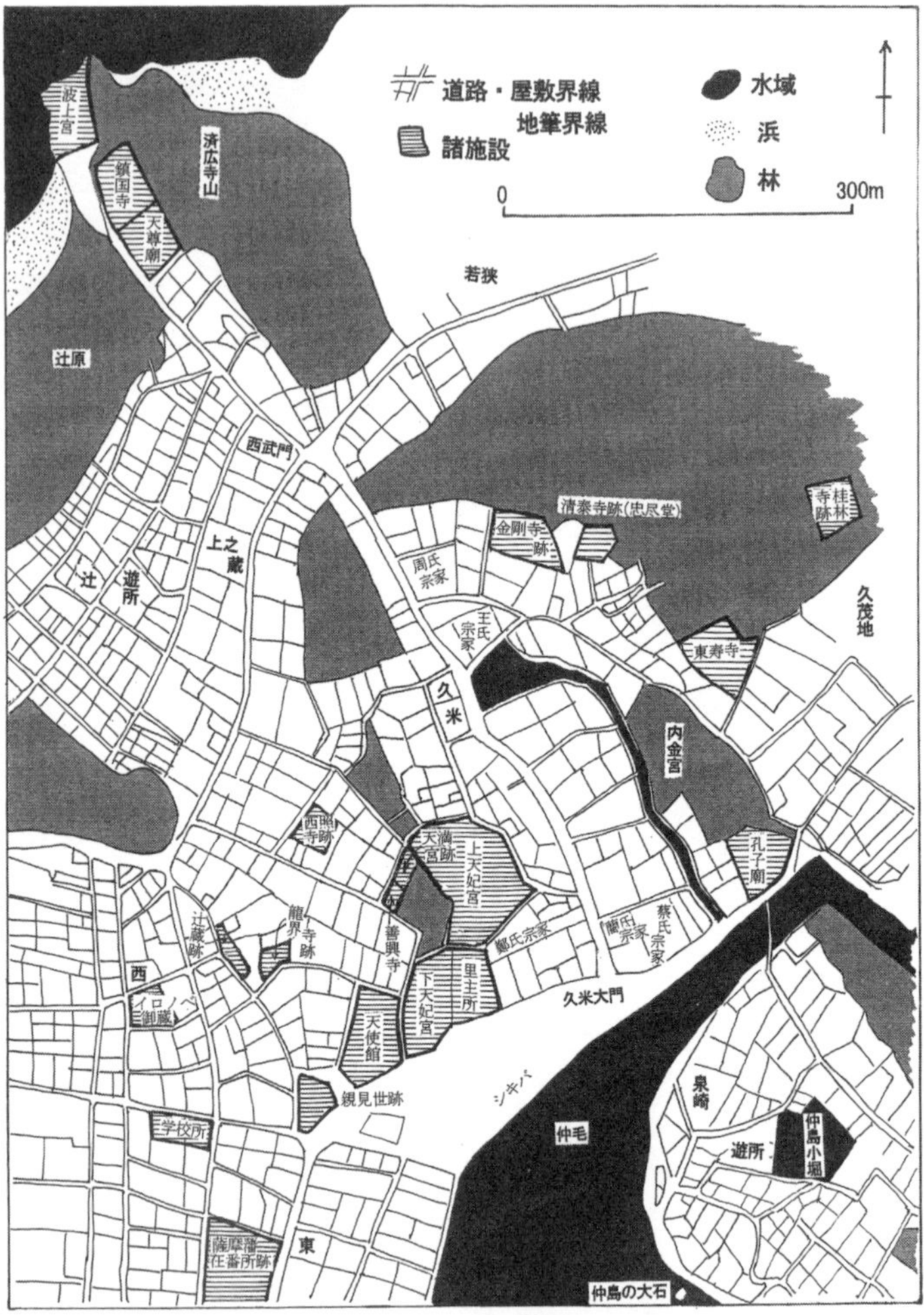

唐栄久米村とその周辺の景観推定図（米軍空中写真による修正図）
（著者作図、『琉球の都市と村落』より転載）

唐栄久米村の周囲は、森林によって囲まれていた。これは良い気の流出を防ぐと同時に、悪気の侵入を防ぐためのものでもあったと考えられる。また集落内の中軸道路は微妙なカーブを描いているが、これこそ生きている龍の身体と見立てられたもので、南方に入り込んでいる海の中には、龍がくわえている龍珠も設定されていた。しかも集落内の道路は直線道路ではなく、突き当たりや食い違いの交差点が設けられて、直進しかできない悪気の横行を防ぐような工夫もされていたのである。

2　琉球の集落形態

●格子状集落とそれ以前の集落

首里城下町と唐栄久米村の景観復原を主軸にした論文を書き終わる頃には、本格的な琉球病にかかっていた。

ここまでくればもうしばらくは琉球のことを続けようと考えて、集落形態のことを勉強し始めた。いくつかの論文を読んでいると、沖縄には「碁盤目型」の集落形態が多く存在するという。この形態については、高原三郎氏や仲松弥秀氏によって古くから指摘されていた。また、坂本磐雄氏の『沖縄の集落景観』（九州大学出版会、一九八九年）という立派な本も出版されていた。それによれば一八世紀前半には、宅地が同じ方向を向いて横に一列に並ぶ区画からなる「横一列型」の集落が成立していたことなどが明らかにされていた。

そこで国土地理院の二万五千分の一地形図によって、沖縄の集落形態を概観することにした。すると約一七〇もの方形の区画と道路網から形成されている集落があることを確認することができた。この数は、沖縄のいわゆる近世村落の数の約四〇％にもなる。高原氏や仲松氏の指摘された碁盤目型の集落形態に関する論文を読んだ印象からするよりも、はるかに多くの集落が、方形の形態をもっていることに驚いたわけである。

これらの予察的な考察は、あくまでも二万五千分の一地形図に表現されている集落の道路網を一見しただけの検討でしかない。したがって最終的な結論にまで到達することはできないが、どうも「碁盤目型」という表現はふさわしくないということに気づいた。というのは、たしかに方形の区画や道路網からなりたっているが、その区画は正方形と言うよりは、むしろ長方形の形態が優先しているように思われる。したがって、「碁盤目型」集落という用語は正しくはなく、「格子状」集落と呼ぶほうが適切であると考えるに至った。

このようなことを考えているころ、粟国島《あぐに》に渡った。那覇空港に着いたとき、ふと琉球エアーコミューターのカウンターの表示を見ると、粟国島という文字が飛び込んできた。離島便は込んでいることが多いからいきなり搭乗券を入手しようとしてもだめだろうなと思いつつ聞くと、翌朝の便なら一席だけ空いていると言う。予約した。翌朝、カウンターで搭乗手続きをすると体重計に乗るように指示された。小型飛行機だからバランスを調整するためだとのことである。空港ロビーを出て小型バスに乗り、滑走路のはずれまで運ばれてびっくりした。なるほど小さい飛行機である。パイロット席が前列左にあり、それ以外に九座席があるだけのプロペラ式の飛行機であった。

役場と教育委員会で、大縮尺の地図や空き家状況の詳細な図を入手し、各種の資料をコピーさせていただいてから、集落を歩いた。この島は「ナビィの恋」という有名な映画の舞台となった島で、撮影の中心になった西・東の集落を回っているうちに、複雑な道路網によって方向感覚を失ってしまった。しかし港に近接した浜集落の方へ戻ってくると、そこは矩形に整備された区画が連なっていて、西・東集落とは好対照をなしていることを実感した。

帰宅してから粟国島の地図や資料を図化し、収集した資料を検討する過程で、西・東集落が古くに形成された集落であること、これに対して浜集落は形成時期が新しく、二万五千分の一地形図で摘出した格子状集落の典型的な事例であることがわかった。

このような結果を早速、「沖縄の格子状集落に関する予察的考察」と題した短い論文にまとめた。今になって考えると、どうやらひとくちに琉球の村落とはいっても、規格的な格子状集落だけではなく、やや乱れた格子状形態もあり、しかもそれらは成立時期の違いによるものらしいということに近づきつつあった時期のことである。いずれもそれまでに見てきた東アジアの都市や村落とは異なるものであった。

●今帰仁城とその周辺の集落

琉球の歴史的集落を調べているうちに、首里のようないわば都市と表現してもいいようなものから、小規模な純農村もあること、しかもそれらの形態は、円形や楕円形さらに様々な程度の格子状形態など、きわめて多様であることなどが、漠然とではあるが見えてきた。それまでは行き当たりばったり調べてきたけれど、少し系統立てて琉球の都市や村落のことを調べてみようと考えるようになった。

地理学では都市や村落に関する定義は、けっこうむつかしい。同僚の伊東理氏は都市地理学の専門家であるから、「いまさら聞くのは恥ずかしいけれど、首里って都市と言ってよいものかなあ」とか「いったい、都市と村落をどうして分ければいいの」というような初歩的な質問をした。現代都市の定義を歴史的都市それも基本的に士族階級だけから構成されている首里城下町に適用することには微妙な違和感があるけれど、首里はまあ都市と表現してもよいであろう。それでは琉球における都市の発生はいつごろにまでさかのぼるのであろうか。首里の建設に先立つ初期城下町のような事例はあるのだろうか。また先に見た格子状集落の形態をこまかく検討すれば、どのような特色が認められるのであろうか。このような疑問が次々と起こってきた。

このようなことを考えているとき、関西大学国内研究員という制度で一年間のフリータイムをいただけることになった。そこでこの一年間を利用して、沖縄の各地や奄美諸島をまわろうと思った。

まず訪れたのは今帰仁《なきじん》村である。今帰仁城は、それまでに二度見学したことがある。はじめての今帰仁城の印象は、その壮大さに感激するばかりであった。当時、古代日本の山城しか見たことがなかったから、その規模の大きさに衝撃を受けて、朝鮮半島の山城もまたこのような壮大なものであろうかとなんとなく想像していた。この第一印象は、さほど誤っていないことを二度目の訪問で理解した。先に述べた晋州城などとの類似を実感したわけである。

ただ今回の調査では、今帰仁城そのものよりも城に付属した初期城下町のような都市的集落が形成されていたのかということに焦点を絞ることにしていた。そこで城に近接した今帰仁村歴史文化センターに入ると、仲原弘哲氏が懇切な説明をしてくださり、たくさんの資料もいただいた。これらの資料と村役場で収集した地図や地籍図との併合図などをもとにして検討した結果、海岸線に近い今泊などの集落は新しく形成されたもので、今帰仁城が繁栄していた当時の集落は、城に近接した場所にあったことを推定した。

新しい集落の形態は、それほど規格的なものではないが、いちおう格子状の集落形態を持っている。しかし城に近接して営まれていた古い集落は、網目状の道路網と区画から成り立っていると推定できる。この場所は、現在では畑地や樹林地になっているが、宗教的な施設も残されていて、旧集落地であることはほぼ確実であると言ってよいであろう。そのことを面積なども考慮に入れて考えた結果、城に近接して核心的な集落が存在していたことは間違いがないという結論に達した。しかし、それが初期城下町と表現できるほどの規模や機能を備えていたかといえば、どうもそうではないように思われる。ようするにすくなくとも北山の中心地であった今帰仁には都市的な集落は営まれてはいなかった。

●八重山の集落

八重山には「八重山古地図」と呼ばれる明治期に作製された地図が残されている。近世の有名な儒学者である塙保己一の曾孫にあたる塙忠雄氏が保管していたもので、古地図は塙保己一顕彰会である温故学会が保管している。

この「八重山古地図」は、当時の集落をくわしく描写したもので、一軒一軒の家屋や道路、さらに井戸、御嶽、水田・畑、樹林地などが記されている。詳細な集落図であって、大縮尺の古い地図が残されていない八重山においてはきわめて貴重なものである。

もっともいかに詳細な図面であるとは言っても、この図が作製された当時は正確な地形図などなかったから、どうしても歪みがある。現在残っている道路などと比べても、実際とは相当のくるいが認められる。そこで現地をまわって正確な集落復原図を作ってみようと決心した。

幸いにして、ゼンリンの住宅地図が発行されているから、それを主たる基図にして古地図との照合によって復原図を作製した。ただしどうしても現地で井戸や御嶽の正確な位置を確認しなければならないことが多い。石垣島や西表島、竹富島、波照間島などをまわった。石垣市の書店で法政大学沖縄研究所『沖縄八重山の研究』(相模書房、二〇〇〇年)を購入、武者英二・永瀬克己両氏の「八重山地方の建築的遺構と民家・集落」という論文に出会えたのもこのときであった。

調査といえば、苦労が多いように思われるかもしれないが、八重山の調査は楽しかった。好きでたまらない地域をまわるのであるから、鼻歌まじり遊び感覚である。最初は自転車でまわった。ところが石垣島の起伏は、なかなかのものであることを思い知らされた。一日に二〇㎞余りを走り回って、レンタサイクル店の若い店主にあきれられた。おりしも娘たちが原付バイクの免許を取得して家には二台のバイクが備えられるようになった。乗りたいけれど無免許で捕まっては免職になるであろう。一大決心をして、受験勉強をして免許を取得した。このとき学生諸君への試験では、いじわるな問題は出題しないようにしようと思った。

なるほどバイクというものは便利なものである。大好きな夏川りみやビギンの歌を歌いながら島をまわって、ようやく「八重山古地図」に収録されている全集落の復原図を完成した。

その結果、八重山の集落のほとんどは格子状の形態をしていることがわかったが、こまかく見ていくと微妙な相違点がある。すなわち「横一列型」のきわめて規格的な格子状集落がある一方で、その前段階と考えられる乱れた格子状集落もある。今帰仁城に近接した網目状の集落と規格的な格子状集落との過渡期的な形態も認められる。

このようなことをもとにして、琉球における集落形態の変容系列を推定した。

もちろん変容しているとは言っても、新旧にかかわらず変わらない特色もある。それは集落全体が森林によって囲い込まれているという原則である。これなどは首里城下町や唐栄久米村とも共通する特色であって、防風機能という側面と、風水思想によるものという両面を持っている。先述のように、私は、中国における土の城壁と土の文化、朝鮮半島における石の城壁と石の文化、日本における水の城壁と木の文化ということを考えていた。これに対して、琉球においてはいわば森林の城壁ということを指摘できるのではないだろうか。

また琉球の風水思想は中国から伝来したものであるが、琉球において独自の地理観ともなっていった。いかに格子状形態であるとは言っても、道路は微妙にカーブを描き、交差点は微妙にずれて設定されている。これなどは直進しかできない悪気を防ぐための工夫でもあった。

このようなことを考えて、『琉球の都市と村落』(関西大学出版部、二〇〇三年)にまとめることができた。

●与論島と沖永良部島そして喜界島

国内研究員の期間中、沖縄だけではなく、奄美大島と与論島へも渡った。たしかに奄美大島にも琉球の色彩が残されている。しかしその度合いは、ちらほら仄《ほの》見えるという程度であると感じた。それに対して、与論島は琉球そのものであることに気づかされた。

というのはこの島で、竹盛窪さんという役場職員に出会ったからである。彼との出会いについてはすでに竹さんとの共著『与論島　琉球の原風景が残る島』(ナカニシヤ出版、二〇〇五年)に書いたから、ここではふれない。とにかく、偶然というよりも琉球の神々とヤマトの神々の神意によって出会ったような気がする。与論島には「シニグ祭」という祭祀が残っていることを教えてもらい、島を案内してもらった。このシニグ祭はいくつかの祭祀集団によって行われているが、各集団はもともと与論城の近くに居住していた。ところが新たな耕作地や居住地を求めて島内の各地区に移住していった。逆に言えば、その移住経路をたどると、各集団の本拠地は城の周辺であることがわかる。その地区の集落形態は、沖縄県内で見られる格子状の集落ではない。むしろそれよりも古い集落形態で、今帰仁城に近接した旧集落のように網目状の道路網と宅地群から構成されているものであった。

与論島は一七世紀初めに薩摩によって琉球から切り離されてしまった。それゆえに、その後の琉球の新しい集落形態が形成されなかった。すなわち首里王府によって強制的に実施された格子状集落形態への改変を経験することがなかったのである。

この与論島に関する本の校正が最終段階になった二〇〇四年の一二月に沖永良部島へ渡ることにした。暖かい冬の青空と花と琉球の光景をイメージしていたが、季節はずれの台風に遭ってしまった。フィリピンあたりでとまっていた台風が足早に沖永良部島にもやってきた。台風にともなう雨風のなか、バイクで島をまわった。坂道でユーターンをしようとして転んでしまい、バックミラーを折ってしまった。バイクを貸してくださった名村モータースに帰ってあやまったが、名村さん親子は修理費を受け取らない。事故のおかげというのもおかしいが、親しくなってしまった。民芸居酒屋「栄里周《えりす》」の轟さんの家族にこのことを話すと、名村さんの家族は親切な家族として有名であるという。帰宅してまもなく、名村さんから黒糖焼酎とお菓子そして野菜が自宅に届いた。轟さんからたくさんの花が届いた。大きな箱にいっぱいのユリ、グラジオラス、ソリダコ、菊。花の乏しい季節のヤマトの我が家のなかが春の色と香りに染まった。ホテルの清水栄美さんからも花を送ってもらった。

その後、何度となく沖永良部島を訪問して調べてみると、沖永良部にも与論島と同じような古い琉球の集落形態が残っていることもわかってきた。二〇〇六年の三月には喜界島へも行った。この島でも多くの人と親しくなった。

琉球の調査をしはじめてから、私の調査旅行が変わってきたことを実感している。十年ほど前までは、ある種の緊張感を感じながら必死になって駆けまわっていた。ところが琉球の雰囲気にのみ込まれてきたのであろうか、そんなに急いで調査ばかりしていていいの、もうちょっとゆっくり楽しめばというような気になってきた。そのおかげで、沖縄の琉球金細工師の又吉健次郎さんと新垣和子さんをはじめとして、多くの人と親しくなることができた。友人というより、もはや親戚のような関係になっていると言ってよい。現地調査をして、いろんな発見をすることは、なるほどうれしいことである。しかし、それよりも現地の人たちと親しくなることのほうが、もっともっと素晴らしいことではないかと思うようになってきた。

あとがき

旅行に関する本は多く出版されている。そのなかには乏しい旅費で精力的に世界各地を旅するというものが多い。私も愛読者の一人で、こんな旅行を若いときにしておきたかったなあと思う。それにくらべると、これまでの私の旅は、いかにも安易な旅であったと思う。

ただし憧れつつも、やや違和感があることも事実である。いかに旅費を節約して旅するかということにこだわりすぎて、それ自体が目的になってしまっているような気がするからである。どちらが良いというわけでもないが、少なくとも私にとっては、できるだけ効率的に多くの遺跡を見て回りたいという意識の方が強かった。また少年時代、極端に病弱であった私は、厳しい条件で旅をするという自信もなかった。

いずれにしても、旅をしてこそ見えてくるものがあるということは間違いがない。子供のころから東アジア各地域への憧憬を抱いていた私は、いろんな本で勉強してきた。しかし現地の空気を呼吸することによって、はじめて理解できたことが多かった。「本」にはある種の「嘘」が含まれているということを実感したこともある。その点からすれば、この本も例外ではない。本書で書いたことは、あくまでも私の主観的な印象でしかないということを申し上げておきたい。とは言いながらも、この本を契機として、自由にそれぞれの「時間と空間の旅」を楽しむ人が増えればいいなと思う。歴史地理学っておもしろいなと思ってくだされば、もっとうれしい。

最後になったが、ナカニシヤ出版社長の中西健夫氏と編集を担当していただいた吉田千恵さんに深甚なる感謝の意を表したい。

著者識

参考文献

足利健亮『日本古代地理研究』大明堂、一九八五年。
足利健亮『考証・日本古代の空間』大明堂、一九九五年。
岸　俊男『日本古代宮都の研究』岩波書店、一九八八年。
岸　俊男編『中国江南の都城遺跡』同朋舎、一九八五年。
岸　俊男編『中国山東・山西の都城遺跡』同朋舎、一九八八年。
信楽町教育委員会編『聖武天皇の夢と謎』新人物往来社、二〇〇四年。
杉山信三・小笠原好彦編『高句麗の都城遺跡と古墳』同朋舎、一九九二年。
千田　稔『古代日本の歴史地理学的研究』岩波書店、一九九一年。
伊達宗泰編『古代「おおやまと」を探る』学生社、二〇〇〇年。
高橋誠一『日本古代都市研究』古今書院、一九九四年。
高橋誠一『琉球の都市と村落』関西大学出版部、二〇〇三年。
高橋誠一・竹　盛窪『与論島　琉球の原風景が残る島』ナカニシヤ出版、二〇〇五年。

■著者略歴
高橋誠一（たかはし・せいいち）
1945年奈良市生まれ。京都大学文学部卒業，同大学院博士課程中退。
京都大学文学部助手，滋賀大学教育学部講師・助教授・教授をへて，現在，関西大学文学部教授。博士（文学，関西大学）。京都府埋蔵文化財調査研究センター理事，元興寺文化財研究所評議員，紫香楽宮跡調査委員会委員など。
著書に，『日本古代都市研究』（古今書院，1994年），『琉球の都市と村落』（関西大学出版部，2003年），『与論島　琉球の原風景が残る島』（共著，ナカニシヤ出版，2005年），など。

【叢書・地球発見8】
東アジア都城紀行

2007年5月1日　初版第1刷発行　（定価はカバーに表示しています）

著者　高橋誠一
発行者　中西健夫

発行所　株式会社　ナカニシヤ出版
〒606-8161　京都市左京区一乗寺木ノ本町 15
TEL（075）723-0111
FAX（075）723-0095
http://www.nakanishiya.co.jp/

印刷／製本・太洋社

ISBN978-4-7795-0008-4　C0325